Seneca

Epistulae morales ad Lucilium

Liber XVII et XVIII
Epistulae CI-CIX

Latein/Deutsch

Michael Weischede

Herstellung und Verlag:
BoD - Books on Demand, Norderstedt

ISBN 9783757886875

Bibliografische Information der Deutschen Nationalbibliothek

Die Deutsche Nationalbibliothek verzeichnet diese Publikation in der Deutschen Nationalbibliografie; detaillierte bibliografische Daten sind im Internet über http://dnb.dnb.de abrufbar.

Vorwort

Senecas Briefe an seinen Freund Lucilius gehören zu den wenigen Texten der lateinischen Literatur, die auch nach dem Zusammenbruch des Römischen Reiches nicht in Vergessenheit gerieten. Während die meisten Publikationen der Antike erst in der Renaissance „wiedergeboren“ wurden, fanden die Epistulae morales ad Lucilium bis in unsere Zeit hinein durchgängig eine interessierte Leserschaft. Aus diesem Grund herrscht auch heute kein Mangel an Übersetzungen der Briefe. Es erschien mir deshalb wenig sinnvoll, eine weitere hinzuzufügen, ohne einen gesonderten Schwerpunkt zu setzen. Ich habe mich deshalb ganz bewusst für ein möglichst text- und wortgetreues Vorgehen entschieden und mich dabei weitestgehend an die Wortvorschläge der gängigen Lexika gehalten (Georges, PONS, Stowasser, Langenscheidt usw.). Vor allem Schülern sollte es auf diese Weise leichter fallen, die Übersetzung aus dem Lateinischen nachzuvollziehen und bei Bedarf mit ihren eigenen Bemühungen zu vergleichen.

Der lateinische Textteil stammt aus verschiedenen Internetquellen, wobei das Augenmerk auf der Gemeinfreiheit lag. Er ist also nicht editiert, und ich habe mir zudem erlaubt, ihn hier und da an meine stilistischen Vorlieben anzupassen. Für ein ernsthaftes wissenschaftliches Arbeiten ist er folglich nicht geeignet.

Soweit mir meine Motivation für dieses Projekt nicht abhanden kommt, werde ich nach und nach alle 20 Bücher mit den Briefen an Lucilius übersetzen und veröffentlichen. Bei meiner eher gemächlichen Arbeitsweise kann das allerdings einige Zeit dauern ...

Dortmund im Januar 2024

Liber XVII et XVIII – Epistula CI

Seneca Lucilio suo Salutem,

(1) Omnis dies, omnis hora quam nihil simus ostendit et aliquo argumento recenti admonet fragilitatis oblitos; tum aeterna meditatos respicere cogit ad mortem. Quid sibi istud principium velit quaeris? Senecionem Cornelium, equitem Romanum splendidum et officiosum, noveras: ex tenui principio se ipse promoverat et iam illi declivis erat cursus ad cetera; facilius enim crescit dignitas quam incipit.

(2) Pecunia quoque circa paupertatem plurimum morae habet; dum ex illa erepat haeret. Iam Senecio divitis inminebat, ad quas illum duae res ducebant efficacissimae, et quaerendi et custodiendi scientia, quarum vel altera locupletem facere potuisset.

(3) Hic homo summae frugalitatis, non minus patrimonii quam corporis diligens, cum me ex consuetudine mane vidisset, cum per totum diem amico graviter adfecto et sine spe iacentiusque in noctem adsedisset, cum hilaris cenasset, genere valetudinis praecipiti arreptus, angina, vix conpressum artatis faucibus spiritum traxit in lucem. Intra paucissimas ergo horas quam omnibus erat sani ac valentis officiis functus decessit.

Buch 17 und 18 – Brief 101

Seneca grüßt seinen Lucilius,

(1) Jeder Tag, jede Stunde offenbart uns, wie nichtig wir sind, und erinnert uns durch manch neuen Beweis an unsere vergessene Hinfälligkeit; sodann zwingen sie uns, wenn wir über das Ewige nachdenken, auf den Tod zu sehen. Was diese Einleitung bezweckt, fragst du? Du kanntest Senecio Cornelius, den angesehenen und pflichteifrigen römischen Ritter: aus kleinen Anfängen hatte er sich aus eigenem Antrieb vorangebracht und schon ebnete sich ihm der Weg zu [allem] Übrigen; leichter nämlich entwickelt sich eine gesellschaftliche Stellung weiter als sie ihren Anfang nimmt.

(2) Umgeben von Armut ist auch [der Aufbau von] Vermögen mit vielen Hindernissen verbunden; bis es aus ihr emporgeklettert ist, weicht sie ihm nicht von der Seite. Senecio war sogleich dem Reichtum zugeneigt, zu dem zwei Dinge ihn sehr erfolgreich hinführten: die Fähigkeit zu dessen Erwerb als auch zu dessen Erhalt; selbst eine von den beiden hätte ihn wohl reich gemacht.

(3) Nachdem er mich morgens wie gewohnt aufgesucht, nachdem er den ganzen Tag einem schwer angeschlagenen und in der Nacht hoffnungslos darniederliegenden Freund beigestanden, nachdem er vergnügt zu Tische gesessen hatte, wurde dieser Mann von größter Enthaltsamkeit, der sein Vermögen nicht weniger lieb und wert hielt als seinen Körper, von einer ins Verderben stürzenden Art von Krankheit ergriffen, einer Angina; durch die verengte Luftröhre zurückgehalten, konnte er bis in den Tag hinein nur mit Mühe Atem holen. Innerhalb sehr weniger Stunden ist er deshalb verstorben, nachdem er [kurz zuvor] allen Verpflichtungen eines gesunden und kräftigen Mannes nachgekommen war.

(4) Ille qui et mari et terra pecuniam agitabat, qui ad publica quoque nullum relinquens inexpertum genus quaestus accesserat, in ipso actu bene cedentium rerum, in ipso procurrentis pecuniae impetu raptus est.

Insere nunc, Meliboee, piros, pone [in] ordine vites.

Quam stultum est aetatem disponere ne crastini quidem dominum! O quanta dementia est spes longas inchoantium: emam, aedificabo, credam, exigam, honores geram, tum deinde lassam et plenam senectutem in otium referam.

(5) Omnia, mihi crede, etiam felicibus dubia sunt; nihil sibi quisquam de futuro debet promittere; id quoque quod tenetur per manus exit et ipsam quam premimus horam casus incidit. Volvitur tempus rata quidem lege, sed per obscurum: quid autem ad me an naturae certum sit quod mihi incertum est?

(6) Navigationes longas et pererratis litoribus alienis seros in patriam reditus proponimus, militiam et castrensium laborum tarda manipretia, procurationes officiorumque per officia processus, cum interim ad latus mors est, quae quoniam numquam cogitatur nisi aliena, subinde nobis ingeruntur mortalitatis exempla non diutius quam dum miramur haesura.

(4) Er, der sowohl auf dem Meer als auch an Land dem Vermögen nachjagte, der, weil er keine Art des Erwerbs unversucht ließ, sich auch dem Gemeinwesen gewidmet hatte, wurde, mitten im Betreiben seiner günstig verlaufenden Geschäfte, mitten im Schwung des stürmisch sich entwickelnden Vermögens, dahingerafft.

Pfropfe jetzt die Birnbäume, Meliboeus,
stell die Rebstöcke in Reih und Glied auf.

Wie dumm ist es, seine Lebenszeit einzuteilen, aber nicht einmal Herr über den morgigen Tag zu sein! Ach, welch Unverstand herrscht bei denen, die ihre Hoffnung auf weit Entferntes richten. Ich werde kaufen, werde bauen, werde Kredit geben, werde eintreiben, werde Ämter bekleiden und anschließend dann mein mattes und erfülltes Greisenalter dem Müßiggang hingeben.

(5) Glaube mir, auch für die vom Glück Begünstigten ist alles unsicher; keiner darf sich etwas für die Zukunft verheißen; auch das, was man besitzt, entgleitet der Hand, und selbst die Stunde, die wir festhalten wollen, gelangt an ihr Ende. Die Zeit vergeht zwar nach einer bestimmten Regelmäßigkeit, aber im Verborgenen: was aber kümmert es mich, ob für die Natur sicher ist, was für mich unsicher ist?

(6) Lange Seereisen und, nachdem wir die fremden Küsten durchirrt haben, eine späte Heimkehr, Kriegsdienst und späten Lohn für die Strapazen im Militärlager, Aufgaben in der Finanzverwaltung und das Durchlaufen der Dienstgrade während der Amtsgeschäfte stellen wir uns zur selben Zeit in Aussicht wie uns der Tod schon zur Seite steht, [und] weil ja immer nur der von anderen in Erwägung gezogen wird, werden uns von Zeit zur Zeit Beispiele für die Vergänglichkeit vorgehalten, die [aber] nicht länger verfangen werden, als während wir sie staunend betrachten.

(7) Quid autem stultius quam mirari id ullo die factum quod omni potest fieri? Stat quidem terminus nobis ubi illum inexorabilis fatorum necessitas fixit, sed nemo scit nostrum quam prope versetur a termino; sic itaque formemus animum tamquam ad extrema ventum sit. Nihil differamus; cotidie cum vita paria faciamus.

(8) Maximum vitae vitium est quod inperfecta semper est, quod [in] aliquid ex illa differtur. Qui cotidie vitae suae summam manum inposuit non indiget tempore; ex hac autem indigentia timor nascitur et cupiditas futuri exedens animum. Nihil est miserius dubitatione venientium quorsus evadant; quantum sit illud quod restat aut quale sollicita mens inexplicabili formidine agitatur.

(9) Quo modo effugiemus hanc volutationem? Uno: si vita nostra non prominebit, si in se colligitur; ille enim ex futuro suspenditur cui inritum est praesens. Ubi vero quidquid mihi debui redditum est, ubi stabilita mens scit nihil interesse inter diem et saeculum, quidquid deinceps dierum rerumque venturum est ex alto prospicit et cum multo risu seriem temporum cogitat. Quid enim varietas mobilitasque casuum perturbabit, si certus sis adversus incerta?

(7) Was aber ist dümmer, als sich zu wundern, dass an irgendeinem Tag geschieht, was an jedem geschehen kann? Gewiss steht ein Grenzstein für uns da, wo die unerbittliche Notwendigkeit des Schicksals ihn gesetzt hat, aber niemand von uns weiß, wie nahe am Grenzstein er sich befindet; daher sollten wir unseren Geist so einrichten, als ob er an die äußerste Grenze gelangt sei. Wir sollten nichts aufschieben; Tag für Tag sollten wir unsere Rechnung mit dem Leben begleichen.

(8) Der größte Fehler des Lebens besteht darin, dass es immer unvollendet ist, weil irgendetwas von ihm aufgeschoben wird. Wer täglich die letzte Hand an sein Leben angelegt hat, bedarf keiner Zeit; aus diesem Bedürfnis aber entspringt die Angst und das Verlangen auf Zukünftiges, das die Seele aufzehrt. Nichts ist beklagenswerter als die Ungewissheit darüber, wie sich das Kommende entwickeln könnte; beunruhigt dadurch, wie viel es sein mag, was zurückbleibt oder wie es beschaffen ist, wird der Geist aufgrund eines unerklärbaren Grausens in Unruhe versetzt.

(9) Auf welche Weise werden wir dieser Unruhe entgehen? Nur wenn sich unser Leben nicht [auf die Zukunft] erstrecken, wenn es auf sich selbst konzentriert wird; denn derjenige, der sich an Zukünftiges hängt, für den ist Gegenwärtiges nicht von Belang. Sobald allerdings alles, was ich mir schuldig bin, erstattet ist, sobald mein gefestigter Geist erkennt, dass kein Unterschied besteht zwischen einem Tag und einem Jahrhundert, sieht er aus der Höhe vorher, was auch immer darauf folgend an Tagen und Ereignissen kommen wird, und er sinniert mit einem unablässigen Lächeln über den Ablauf der Zeiten nach. Was nämlich will die Vergänglichkeit und der Wankelmut der Geschicke in Unruhe versetzen, wenn man sicher ist gegenüber dem Unsicheren?

(10) Ideo propera, Lucili mi, vivere, et singulos dies singulas vitas puta. Qui hoc modo se aptavit, cui vita sua cotidie fuit tota, securus est: in spem viventibus proximum quodque tempus elabitur, subitque aviditas et miserrimus ac miserrima omnia efficiens metus mortis. Inde illud Maecenatis turpissimum votum quo et debilitatem non recusat et deformitatem et novissime acutam crucem, dummodo inter haec mala spiritus prorogetur:

(11) *Debilem facito manu,*
debilem pede coxo,
tuber adstrue gibberum,
lubricos quate dentes:
vita dum superest, benest;
hanc mihi, vel acuta
si sedeam cruce, sustine.

(12) Quod miserrimum erat si incidisset optatur, et tamquam vita petitur supplici mora. Contemptissimum putarem si vivere vellet usque ad crucem: 'Tu vero', inquit, 'me debilites licet, dum spiritus in corpore fracto et inutili maneat; depraves licet, dum monstroso et distorto temporis aliquid accedat; suffigas licet et acutam sessuro crucem subdas': est tanti vulnus suum premere et patibulo pendere districtum, dum differat id quod est in malis optimum, supplici finem? Est tanti habere animam ut agam?

(10) Deshalb eile dich zu leben, mein Lucilius, und sieh die einzelnen Tage als einzelne Leben an. Derjenige, der sich auf diese Weise gerüstet hat, wer sein Leben Tag für Tag im vollen Umfang lebte, der ist unbesorgt: denen, die ihr Leben in Hoffnung verbringen, entgleitet gerade der nächste Augenblick, die Begierden überkommen sie und die verachtenswertesten Dinge und eine Todesfurcht, die all das so Elende hervorbringt. Daher jener äußerst schändliche Wunsch des Maeceans, in dem er weder Verkrüppelung noch Missbildung noch zuletzt das spitze Marterholz zurückweist, falls nur inmitten dieser Leiden sein Leben verlängert werde.

(11) *Soll er mich verkrüppeln an Hand,*
mich verkrüppeln an Fuß und Hüfte,
einen buckeligen Höcker füge hinzu.
die Zähne schlage [mir] wacklig,
solange ein Rest vom Leben übrig bleibt, ist es gut;
dies bewahre mir, selbst wenn ich
auf dem spitzen Marterholz sitzen sollte.

(12) Ausgewählt wird das, was das Elendste wäre, wenn es einem widerfahren würde, und gleichwie das Leben wird ein Aufschub der Strafe erbeten. Ich hielte es für äußerst verächtlich, wenn er bis zum Kreuze leben wollte: „Du magst mich vollends verstümmeln", sagt er, „wenn nur mein Geist in dem gebrochenen und unbrauchbaren Körper verbleibt; du magst mich entstellen, wenn mein scheußlicher und verkrüppelter [Körper] nur etwas an Zeit gewinnt; du magst mich ans Kreuz schlagen und mir das Marterholz zum Sitzen unterlegen": ist es so viel wert, seinen Schmerz zu unterdrücken und ausgestreckt am Querbalken des Kreuzes zu hängen, wenn er nur das aufschiebt, was im Schlechten das Beste ist: ein Ende der Qual? Ist es so viel wert, die Seele zu halten, um in den letzten Zügen zu liegen?

(13) Quid huic optes nisi deos faciles? Quid sibi vult ista carminis effeminati turpitudo? Quid timoris dementissimi pactio? Quid tam foeda vitae mendicatio? Huic putes umquam recitasse Vergilium:

usque adeone mori miserum est?

Optat ultima malorum et quae pati gravissimum est extendi ac sustineri cupit: qua mercede? Scilicet vitae longioris. Quod autem vivere est diu mori?

(14) Invenitur aliquis qui velit inter supplicia tabescere et perire membratim et totiens per stilicidia emittere animam quam semel exhalare? Invenitur qui velit adactus ad illud infelix lignum, iam debilis, iam pravus et in foedum scapularum ac pectoris tuber elisus, cui multae moriendi causae etiam citra crucem fuerant, trahere animam tot tormenta tracturam? Nega nunc magnum beneficium esse naturae quod necesse est mori.

(15) Multi peiora adhuc pacisci parati sunt: etiam amicum prodere, ut diutius vivant, et liberos ad stuprum manu sua tradere, ut contingat lucem videre tot consciam scelerum. Excutienda vitae cupido est discendumque nihil interesse quando patiaris quod quandoque patiendum est; quam bene vivas referre, non quamdiu; saepe autem in hoc esse bene, ne diu. Vale.

(13) Was kann man solch einem wünschen außer gnädige Götter? Was hat er im Sinn mit dieser Schändlichkeit von einem feigen Gedicht? Was mit dieser Übereinkunft aufgrund einer so unsinnigen Angst? Was mit dieser schmählichsten Bettelei ums Leben? Würde man denken, dass Vergil ihm vorgelesen hat:

ist zu sterben so sehr beklagenswert?

Er wünscht sich die Schlimmsten der Leiden und verlangt, dass das, was am schwersten zu ertragen ist, in die Länge gezogen und ausgehalten wird: für welchen Lohn? Für den eines längeren Lebens selbstverständlich. Wenn nun aber zu leben bedeutet, lange zu sterben?

(14) Findet sich irgendjemand, der Wert darauf legen würde, unter Qualen zu vergehen und Glied um Glied zugrunde zu gehen und ebenso oft tropfenweise seine Seele zu entsenden, anstatt sie ein für alle Mal auszuhauchen? Findet sich irgendjemand, der, an das unselige Holz herangeführt, schon kraftlos, schon missgestaltet und mit abscheulichen, aus Schultern und Brust herausgetriebenen Geschwülsten, der auch ohne das Kreuz viele Gründe hatte zu sterben, Wert darauf legen würde, ein Leben in die Länge zu ziehen, das so viele Qualen mit sich bringen wird? Bestreite nun, dass die Notwendigkeit zu sterben, eine große Wohltat der Natur ist.

(15) Viele sind bereit, sich zu schlimmeren Dingen zu verpflichten: selbst einen Freund zu verraten, um länger zu leben, und auch die Kinder eigenhändig der Schande auszuliefern, damit es ihnen zuteil werden kann, den Tagesanbruch zu sehen, den Zeugen so vieler Verbrechen. Man muss das Verlangen nach dem Leben abschütteln und lernen, dass es gar nicht von Wichtigkeit ist, wann man erleidet, was über kurz oder lang erlitten werden muss, dass es darauf ankommt, wie man lebt, nicht wie lange, dass gut zu leben aber oft darauf beruht, nicht lange zu leben. Lebe wohl.

Liber XVII et XVIII – Epistula CII

Seneca Lucilio suo Salutem,

(1) Quomodo molestus est iucundum somnium videnti qui excitat (aufert enim voluptatem etiam si falsam, effectum tamen verae habentem) sic epistula tua mihi fecit iniuriam; revocavit enim me cogitationi aptae traditum etiturum, si licuisset, ulterius.

(2) Iuvabat de aeternitate animarum quaerere, immo mehercules credere; praebebam enim me facilem opinionibus magnorum virorum rem gratissimam promittentium magis quam probantium. Dabam me spei tantae, iam eram fastidio mihi, iam reliquias aetatis infractae contemnebam in immensum illud tempus et in possessionem omnis aevi transiturus, cum subito experrectus sum epistula tua accepta et tam bellum somnium perdidi. Quod repetam, si te dimisero, et redimam.

(3) Negas me epistula prima totam quaestionem explicuisse in qua probare conabar id quod nostris placet, claritatem quae post mortem contingit bonum esse. Id enim me non solvisse quod opponitur nobis: 'Nullum', inquiunt, 'bonum ex distantibus; hoc autem ex distantibus constat.'

Buch 17 und 18 – Brief 102

Seneca grüßt seinen Lucilius,

(1) Wie derjenige lästig ist, der uns weckt, während wir angenehm träumen (denn er nimmt uns ein Vergnügen, das auch wenn es nicht wirklich ist, trotzdem die Wirkung eines echten hat), so hat mir dein Brief Unbill zugefügt: er hat mich nämlich von dem angefügten Gedanken abgebracht, dem ich nachhing und den ich, wenn es möglich gewesen wäre, weiterverfolgt hätte.

(2) Es gefiel mir, über die Unvergänglichkeit der Seele zu sinnieren, ja, bei Herkules, sogar an sie zu glauben; ich habe mich nämlich bereitwillig den Ansichten der bedeutenden Männer überlassen, welche die äußerst wünschenswerten Dinge eher versprechen als beweisen. Ich habe mich so großer Hoffnung hingegeben, schon war ich mir selbst zuwider, schon habe ich die Überreste meiner geschwächten Lebenszeit verschmäht, in der Absicht, in jene unermessliche Zeit und in den Besitz der ganzen Ewigkeit überzugehen, als ich, weil ich deinen Brief in Empfang genommen hatte, plötzlich erwacht und um den so schönen Traum gekommen bin. Ich werde ihn wieder aufnehmen, wenn ich dich aus den Händen gelassen habe, und ihn [dann] beenden.

(3) Du schreibst am Anfang deines Briefs, ich hätte die Untersuchung, in der ich zu beweisen versucht habe, dass, was die Meinung der Unsrigen ist, der Ruhm, der einem nach dem Tod zuteil wird, ein Gut ist, nicht in seiner Gesamtheit abgehandelt. Denn ich hätte ihr dasjenige nicht gegenübergestellt, was uns entgegengehalten wird. „Kein Gut", sagen sie, „besteht aus Getrenntem; dieser [Nachruhm] jedoch besteht aus Getrenntem."

(4) Quod interrogas, mi Lucili, eiusdem quaestionis est loci alterius, et ideo non id tantum sed alia quoque eodem pertinentia distuleram; quaedam enim, ut scis, moralibus rationalia inmixta sunt. Itaque illam partem rectam et ad mores pertinentem tractavi, numquid stultum sit ac supervacuum ultra extremum diem curas transmittere, an cadant bona nostra nobiscum nihilque sit eius qui nullus est, an ex eo quod, cum erit, sensuri non sumus, antequam sit aliquis fructus percipi aut peti possit.

(5) Haec omnia ad mores spectant; itaque suo loco posita sunt. At quae a dialecticis contra hanc opinionem dicuntur segreganda fuerunt et ideo seposita sunt. Nunc, quia omnia exigis, omnia quae dicunt persequar, deinde singulis occurram.

(6) Nisi aliquid praedixero, intellegi non poterunt quae refellentur. Quid est quod praedicere velim? Quaedam continua corpora esse, ut hominem; quaedam esse composita, ut navem, domum, omnia denique quorum diversae partes iunctura in unum coactae sunt; quaedam ex distantibus, quorum adhuc membra separata sunt, tamquam exercitus, populus, senatus. Illi enim per quos ista corpora efficiuntur iure aut officio cohaerent, natura diducti et singuli sunt.

(4) Was du anfragst, mein Lucilius, betrifft ein anderes Thema derselben Untersuchung, und deshalb hatte ich nicht nur dieses, sondern auch anderes, das dazu gehört, eben dorthin verschoben; manches, was die Vernunft betrifft, ist nämlich, wie du weißt, mit dem Moralischen verknüpft. Daher habe ich jenen abgegrenzten Teilbereich, der sich auch auf die Sitten bezieht, abgehandelt: ob es etwa töricht und nutzlos sei, über den letzten Lebenstag hinaus sich den Sorgen zu widmen, ob unsere Güter mit uns verfallen und ob von einem, der tot ist, nichts verbleibt, oder ob von dem, was wir nicht wahrnehmen werden, sobald es da ist, irgendein Ertrag sich angeeignet oder angestrebt werden kann, bevor es da ist.

(5) Dies alles zielt auf die Sitten ab; daher wurden sie an der entsprechenden Stelle abgelegt. Was hingegen von den Dialektikern gegen diese Auffassung vorgebracht wurde, musste abgetrennt werden und ist deswegen aufgespart worden. Nun, da du alles einforderst, werde ich alles ausführen, was sie [dazu] sagen, dann den jeweils einzelnen Punkten entgegentreten.

(6) Wenn ich nicht manches vorausschicke, werden sie nicht ersehen können, was als irrig zurückgewiesen wird. Was ist es [also], das ich vorausschicken will? Dass einige Körper in sich zusammenhängend sind wie ein Mensch; dass einige zusammengesetzt sind wie ein Schiff, ein Haus, überhaupt alles, bei dem unterschiedliche Teile durch Zusammenfügung zu einem Einzigen verbunden wurden; dass einige aus verschiedenen [Teilen] bestehen, deren Glieder bis dahin getrennt waren, wie ein Heer, ein Volk, der Senat. Denn jene, durch die diese Körper geschaffen werden, sind durch Recht oder Pflicht verbunden, von Natur aus [aber] sind sie getrennt und jeweils Einzelne.

(7) Quid est quod etiam nunc praedicere velim? Nullum bonum putamus esse quod ex distantibus constat; uno enim spiritu unum bonum contineri ac regi debet, unum esse unius boni principale. Hoc si quando desideraveris per se probatur: interim ponendum fuit, quia in <nos> nostra tela mittuntur.

(8) 'Dicitis', inquit, 'nullum bonum ex distantibus esse; claritas autem ista bonorum virorum secunda opinio est. Nam quomodo fama non est unius sermo nec infamia unius mala existimatio, sic nec claritas uni bono placuisse; consentire in hoc plures insignes et spectabiles viri debent, ut claritas sit. Haec autem ex iudiciis plurium efficitur, id est distantium; ergo non est bonum.'

(9) 'Claritas', inquit, 'laus est a bonis bono reddita; laus oratio, vox est aliquid significans; vox est autem, licet virorum sit <bonorum, non> bonum. Nec enim quidquid vir bonus facit bonum est; nam et plaudit et sibilat, sed nec plausum quisquam nec sibilum, licet omnia eius admiretur et laudet, bonum dicit, non magis quam sternumentum aut tussim. Ergo claritas bonum non est.'

(7) Was will ich darüber hinaus noch vorausschicken? Wir meinen, dass nichts ein Gut ist, das aus voneinander getrennten Dingen besteht; ein Gut muss nämlich von einer einzigen Gesinnung zusammengehalten und gelenkt werden, ein Gut muss einen Hauptcharakter besitzen. Dieses wird, wenn man es je einmal wünscht, durch sich selbst bewiesen: vorläufig muss es vorausgesetzt werden, weil unsere Waffen gegen uns selbst eingesetzt werden.

(8) „Ihr behauptet", heißt es, „dass kein Gut aus voneinander getrennten Dingen existiert; dieser [angesprochene] Nachruhm aber basiert auf der günstigen Meinung ehrbarer Männer. Denn wie ein guter Ruf nicht auf der Äußerung eines Einzelnen und ein schlechter Ruf nicht auf der niederträchtigen Beurteilung eines Einzelnen beruht, so [beruht] auch der Nachruhm nicht darauf, dass es einem einzelnen rechtschaffenen Mann [so] gefallen hat; es müssen sich viele hervorragende und ansehnliche Männer darüber einig sein, damit Nachruhm entstehen kann. Er wird nämlich aufgrund der Beurteilungen vieler hervorgebracht, das heißt aufgrund derer, die voneinander getrennt sind; also ist es kein Gut."

(9) „Nachruhm", so sagt man, „ist eine von vortrefflichen Männern an einen vortrefflichen Mann zugewiesene Anerkennung; Anerkennung ist eine Äußerung, eine mündliche Abstimmung, die auf etwas hindeutet; eine Äußerung aber, mag sie auch von vortrefflichen Männern sein, ist kein Gut. Denn auch nicht alles, was ein vortrefflicher Mann tut, ist ein Gut; er klatscht ja auch Beifall und pfeift jemanden aus, aber niemand, wenn er auch alles an ihm bewundern und loben würde, bezeichnet Beifallklatschen und Auspfeifen als ein Gut – ebenso wenig wie Niesen oder Husten. Also ist Nachruhm kein Gut."

(10) 'Ad summam dicite nobis utrum laudantis an laudati bonum sit: si laudati bonum esse dicitis, tam ridiculam rem facitis quam si adfirmetis meum esse quod alius bene valeat. Sed laudare dignos honesta actio est; ita laudantis bonum est cuius actio est, non nostrum qui laudamur: atqui hoc quaerebatur.'

(11) Respondebo nunc singulis cursim. Primum an sit aliquod ex distantibus bonum etiamnunc quaeritur et pars utraque sententias habet. Deinde claritas desiderat multa suffragia? Potest et unius boni viri iudicio esse contenta: nos bonus bonos iudicat.

(12) 'Quid ergo?', inquit, 'et fama erit unius hominis existimatio et infamia unius malignus sermo? Gloriam quoque', inquit, 'latius fusam intellego; consensum enim multorum exigit.' Diversa horum condicio est et illius. Quare? Quia si de me bene vir bonus sentit, eodem loco sum quo si omnes boni idem sentirent; omnes enim, si me cognoverint, idem sentient. Par illis idemque iudicium est, aeque vero inficiscitur. Dissidere non possunt; ita pro eo est ac si omnes idem sentiant, quia aliud sentire non possunt.

(10) „Kurz: sagt uns, ob es das Gut des Lobenden oder des Gelobten ist: falls ihr behauptet, dass [der Nachruhm] ein Gut des Gelobten ist, bringt ihr so etwas Lächerliches vor, als wenn ihr behaupten würdet, dass es mein [Gut] ist, wenn ein anderer [Mann] tüchtig ist. Aber für würdig Erachtetes zu loben, ist eine sittlich gute Handlung; es ist daher ein Gut des Lobenden, dessen Handlung es ist – nicht eines von uns, die wir gelobt werden: dies nun aber ist zu ergründen gesucht worden."

(11) Ich werde nun rasch auf die einzelnen Punkte antworten. Zuerst stellt sich immer noch die Frage, ob es ein Gut aus voneinander getrennten Dingen geben kann, und tatsächlich hat jede der beiden Seiten ihre Ansichten [hierzu]. Ferner: verlangt ein glänzender Name nach vielen Stimmen? Er kann auch mit dem Urteil eines einzigen vortrefflichen Mannes zufrieden sein: ein [einziger] vortrefflicher Mann erklärt uns für vortrefflich.

(12) „Wie also?", fragt man, „wird auch der gute Ruf auf der Einschätzung eines Einzigen und der schlechte Ruf auf dem boshaften Gerede eines Einzigen beruhen?" Weiter heißt es: „Ich denke mir, dass auch der Ruhm im größeren Umfang verbreitet wurde; er verlangt nämlich nach der Zustimmung vieler." Deren Ausgangslage und die von jenem [Einzelnen] ist eine ganz andere. Warum? Weil, wenn ein vortrefflicher Mann sein Urteil über mich abgibt, ich mich in derselben [Lage] befinde, wie wenn alle vortrefflichen Männer dasselbe Urteil abgeben würden. Denn, wenn sie mich kennen, werden alle dasselbe Urteil über mich abgeben. Sie haben ein und dieselbe Ansicht, sie ist in gleicher Weise mit Wahrheit durchtränkt. Sie sind nicht imstande, verschiedener Meinung zu sein; also ist [das einzelne Urteil] ebenso so gut, wie wenn alle dasselbe denken würden, weil sie [gar] nicht anders denken können.

(13) Ad gloriam aut famam non est satis unius opinio. Illic idem potest una sententia quod omnium, quia omnium, si perrogetur, una erit: hic diversa dissimilium iudicia sunt. Difficiles adsensus, dubia omnia invenies, levia, suspecta. Putas tu posse unam omnium esse sententiam? Non est unius una sententia. Illic placet verum, veritatis una vis, una facies est: apud hos falsa sunt quibus adsentiuntur. Numquam autem falsis constantia est; variantur et dissident.

(14) 'Sed laus', inquit, 'nihil aliud quam vox est, vox autem bonum non est.' Cum dicunt claritatem esse laudem bonorum a bonis redditam, non advocem referunt sed ad sententiam. Licet enim vir bonus taceat sed aliquem iudicet dignum laude esse, laudatus est.

(15) Praeterea aliud est laus, aliud laudatio, haec et vocem exigit; itaque nemo dicit laudem funebrem sed laudationem, cuius officium oratione constat. Cum dicimus aliquem laude dignum, non verba illi benigna hominum sed iudicia promittimus. Ergo laus etiam taciti est bene sentientis ac bonum virum apud se laudantis.

(13) Für den Ruhm und den guten Ruf ist die Ansicht eines Einzelnen nicht ausreichend. In jener Sache [die des glänzenden Namens] vermag eine einzige Meinung dasselbe wie die aller, weil, wenn reihum gefragt würde, alle eine einzige [Meinung] haben werden: in diesem Fall [aber] finden sich im Widerspruch stehende Überzeugungen von sich unähnlichen Menschen. Du wirst auf eigenwillige Stimmen des Beifalls stoßen, auf jede zweifelhafte, unhaltbare, befangene. Glaubst du, dass es eine einzige Meinung aller geben kann? Es existiert nicht die eine Meinung des Einzelnen. In jenem Fall gefällt das Wahre, es existiert eine einzige Bedeutung, eine einzige Erscheinung des Wahrhaftigen: bei diesen sind es die falschen Dinge, denen sie beipflichten. Niemals jedoch sind falsche Dinge von Beständigkeit; sie sind veränderlich und [in sich] widersprüchlich.

(14) „Aber Lob", heißt es, „ist nichts anderes als eine Äußerung, eine Äußerung ist jedoch kein Gut." Wenn sie behaupten, dass der glänzende Name eine von guten Männern an gute Männer erteilte Anerkennung sei, führen sie das nicht auf die [gesprochene] Äußerung zurück, sondern auf ihr Urteil. Denn mag ein vortrefflicher Mann auch schweigen, aber [zugleich] jemanden für des Lobes würdig halten, [so] ist er lobenswert.

(15) Außerdem ist ein Lob das eine, eine Lobrede das andere – diese fordert eine Äußerung ein; deshalb spricht niemand von einem zum Leichenbegräbnis gehörenden Lob, sondern einer [dazu gehörenden] Lobrede, deren Pflicht in einem Vortrag besteht. Wenn wir sagen, irgendjemand ist des Lobes würdig, verheißen wir ihm keine wohlwollenden Worte seiner Mitmenschen, sondern [wohlwollende] Beurteilungen. Also gibt es auch Lob, das unausgesprochen ist – von einem der günstig urteilt und einen vortrefflichen Mann bei sich [im Geiste] lobt.

(16) Deinde, ut dixi, ad animum refertur laus, non ad verba, quae conceptam laudem egerunt et in notitiam plurium emittunt. Laudat qui laudandum esse iudicat. Cum tragicus ille apud nos ait magnificum esse 'laudari a laudato viro', laude digno ait. Et cum aeque antiquus poeta ait 'laus alit artis', non laudationem dicit, quae corrumpit artes; nihil enim aeque et eloquentiam et omne aliud studium auribus deditum vitiavit quam popularis adsensio.

(17) Fama vocem utique desiderat, claritas potest etiam citra vocem contingere contenta iudicio; plena est non tantum inter tacentis sed etiam inter reclamantis. Quid intersit inter claritatem et gloriam dicam: gloria multorum iudicis constat, claritas bonorum.

(18) 'Cuius', inquit, 'bonum est claritas, id est laus bono a bonis reddita? Utrum laudati an laudantis?' Utriusque. Meum, qui laudor; quia natura me amantem omnium genuit, et bene fecisse gaudeo et gratos me invenisse virtutum interpretes laetor. Hoc plurium bonum est quod grati sunt, sed et meum; ita enim animo compositus sum ut aliorum bonum meum iudicem, utique eorum quibus ipse sum boni causa.

(16) Sodann ist das Lob, wie ich sagte, auf den Geist zurückzuführen, nicht auf Worte, die das innerlich entstandene Lob ausgesprochen und zur Kenntnis vieler von sich gegeben haben. Es lobt derjenige, der urteilt, dass gelobt werden muss. Wenn der berühmte Tragiker vor uns verlauten lässt, dass es großartig ist, „von einem lobenswerten Mann gelobt zu werden", meint er den des Lobes Würdigen. Und wenn ebenso ein alter Poet sagt: „Ein Lob fördert die Künste", heißt er es nicht eine Lobrede, welche die Künste herabwürdigt; nichts nämlich verdirbt in gleicher Weise sowohl die Beredsamkeit als auch jede auf Zuhörer bedachte Beschäftigung als der Beifall der Menge.

(17) Ein guter Ruf verlangt unbedingt nach einer Äußerung, ein glänzender Name kann einem auch ohne eine Äußerung zuteil werden, wenn er auf einem Urteil beruht; er ist vollkommen nicht nur unter dem Schweigenden, sondern auch unter dem Widersprechenden. Ich werde dir sagen, welcher Unterschied zwischen einem glänzenden Namen und dem Ruhm besteht: der Ruhm beruht auf den Urteilen vieler, der glänzende Name auf denen der Vortrefflichen.

(18) „Wessen Gut", fragt man, „ist ein glänzender Name, das heißt, das Lob, das von vortrefflichen Männern an einen vortrefflichen Mann erteilt wurde? Das des Gelobten oder etwa das des Lobenden?" Das von beiden. Für mich, der ich gelobt werde, weil die Natur mich, der alles liebt, hervorgebracht hat, und ich froh darüber bin, sittlich gut gehandelt zu haben, und mich freue, die willkommenen Vermittler der Tugend gefunden zu haben. Es ist dies ein Gut vieler, dass sie dankbar sind, aber auch das meine; so ist es nämlich durch meinen Charakter bestimmt, dass ich ein Gut anderer für mein eigenes halte, jedenfalls das derjenigen, für die ich selbst Ursache des Guts bin.

(19) Est istud laudantium bonum; virtute enim geritur; omnis autem virtutis actio bonum est. Hoc contingere illis non potuisset nisi ego talis essem. Itaque utriusque bonum est merito laudari, tam mehercules quam bene iudicasse iudicantis bonum est et eius secundum quem iudicatum est. Numquid dubitas quin iustitia et habentis bonum sitet autem sit eius cui debitum solvit? Merentem laudare iustitia est; ergo utriusque bonum est.

(20) Cavillatoribus istis abunde responderimus. Sed non debet hoc nobis esse propositum, arguta disserere et philosophiam in has angustias ex sua maiestate detrahere: quanto satius est ire aperta via et recta quam sibi ipsum flexus disponere quos cum magna molestia debeas relegere? Neque enim quicquam aliud istae disputationes sunt quam inter se perite captantium lusus.

(21) Dic potius quam naturale sit in immensum mentem suam extendere. Magna et generosa res est humanus animus; nullos sibi poni nisi communes et cum deo terminos patitur. Primum humilem non accipit patriam, Ephesum aut Alexandriam aut si quod est etiamnunc frequentius accolis laetiusve tectis solum: patria est illi quodcumque suprema et universa circuitu suo cingit, hoc omne convexum intra quod iacent maria cum terris, intra quod aer humanis divina secernens etiam coniungit, in quo disposita tot numina in actus suos excubant.

(19) Es ist dies ein Gut derer, die loben; denn es wird durch die Tugend hervorgebracht; jede Handlung der Tugend ist ein Gut. Jenen hätte dieses Gut nicht zuteilwerden können, wenn ich nicht von solcher Art wäre. Verdientermaßen gelobt zu werden, ist deshalb ein Gut beider, so wie, bei Herkules, gut geurteilt zu haben ein Gut des Urteilenden ist und desjenigen, zu dessen Gunsten geurteilt wurde. Bezweifelst du etwa, dass Gerechtigkeit ein Gut dessen ist, der sie mit sich bringt, aber auch dessen, dem sie abträgt, was geschuldet wurde? Zu loben, der es verdient, ist Gerechtigkeit; also ist es für beide ein Gut.

(20) Diesen Sophisten haben wir wohl mehr als genug geantwortet. Aber es darf dies nicht unsere Aufgabe sein, geistreiche Dinge zu erörtern und die Philosophie aus ihrer Erhabenheit in diese Spitzfindigkeit herabzuziehen: wie viel besser ist es, den offenen und direkten Weg zu gehen als sich selbst Umwege einzurichten, die mit großer Beschwerlichkeit zurückgelegt werden müssten? Denn diese Erörterungen sind nichts anderes als die Spiele derer, die einander geschickt zu überlisten suchen.

(21) Trage vielmehr vor, wie es den Gesetzen der Natur gemäß ist, seinen Geist ins Unendliche auszudehnen. Groß und edel ist der menschliche Geist; er lässt nicht zu, dass ihm Grenzen gesetzt werden, außer denen, die er auch mit einem Gott gemeinsam hat. Zuerst gibt er sich nicht mit dem bescheidenen Vaterland zufrieden, [nicht] mit Ephesos oder Alexandria oder, falls es das gibt , einer Gegend zahlreicher an Bewohnern oder günstiger für Behausungen: Vaterland ist für ihn alles, was es insgesamt in seinem äußersten Umkreis einschließt, diese ganze Wölbung, innerhalb derer die Meere mit den Ländern liegen, innerhalb derer der Äther wieder verbindet, was Göttliches vom Menschlichen trennt, in der hier und da verteilt so viele göttliche Wesen wachsam sind auf ihren Posten.

(22) Deinde artam aetatem sibi dari non sinit: 'Omnes', inquit, 'anni mei sunt; nullum saeculum magnis ingeniis clusum est, nullum non cogitationi pervium tempus. Cum venerit dies ille qui mixtum hoc divini humanique secernat, corpus hic ubi inveni relinquam, ipse me diis reddam. Nec nunc sine illis sum, sed gravi terrenoque detineor.'

(23) Per has mortalis aevi moras illi meliori vitae longiorique proluditur. Quemadmodum decem mensibus tenet nos maternus uterus et praeparat non sibi sed illi loco in quem videmur emitti iam idonei spiritum trahere et inaperto durare, sic per hoc spatium quod ab infantia patet in senectutem in alium maturescimus partum. Alia origo nos expectat, alius rerum status.

(24) Nondum caelum nisi ex intervallo pati possumus. Proinde intrepidus horam illam decretoriam prospice: non est animo suprema, sed corpori. Quidquid circa te iacet rerum tamquam hospitalis loci sarcinas specta: transeundum est. Excutit redeuntem natura sicut intrantem.

(25) Non licet plus efferre quam intuleris, immo etiam ex eo quod ad vitam adtulisti pars magna ponenda est: detrahetur tibi haec circumiecta, novissimum velamentum tui, cutis; detrahetur caro et suffusus sanguis discurrensque per totum; detrahentur ossa nervique, firmamenta fluidorum ac labentium.

(22) Als nächstes lässt er nicht zu, dass ihm eine beschränkte Lebenszeit zugestanden wird: „Alle Jahre", sagt er, „gehören mir; kein Zeitalter ist den großen Geistern versperrt, jede Zeit dem Denken zugänglich. Sobald jener Tag gekommen sein wird, der diese Vereinigung des Göttlichen und Menschlichen trennt, werde ich meinen Körper hier, wo ich ihn vorgefunden habe, zurücklassen [und] mich selbst zu den Göttern zurückbegeben. Ich bin auch jetzt nicht ohne sie, werde aber von drückender Erdenlast zurückgehalten.

(23) Während dieses Aufenthalts in der dem Tod unterworfenen Lebenszeit wird sich auf jenes bessere und längere Leben vorbereitet. Wie uns der mütterliche Schoß zehn Monate festhält und nicht auf sich selbst vorbereitet, sondern auf jenen Ort, an den wir anscheinend entsendet werden, bereits dazu fähig, Atem zu holen und es unverhüllt [außerhalb] auszuhalten, so reifen wir in dem erwähnten Zeitraum, der sich von der Kindheit bis ins hohe Alter erstreckt, für eine andere Geburt. Eine andere Familie erwartet uns, eine andere Beschaffenheit der Welt.

(24) Noch können wir die Himmelshöhe nur aus der Entfernung ertragen. Darum erblicke unerschrocken vor dir jene entscheidende Stunde: die letzte ist sie nicht für den Geist, sondern für den Körper. Betrachte all die Dinge, die um dich herum liegen, wie die Beigaben eines gastfreundlichen Ortes: du musst vorübergehen. Die Natur entreißt sie dem, der zurückkehrt, wie dem, der eintritt.

(25) Man darf nicht mehr hinaus- als hineinbringen, im Gegenteil, auch von dem, was du ins Leben mitgebracht hast, muss ein Großteil aufgegeben werden. Es wird dir deine ringsum befindliche Haut genommen, die äußerste deiner Umhüllungen; es wird dir das Fleisch genommen und das darunter befindliche und alles durchströmende Blut; es werden die Knochen und Muskeln genommen, die Stützen schlaffer und dahinfließender [Körper].

(26) Dies iste quem tamquam extremum reformidas aeterni natalis est. Depone onus: quid cunctaris, tamquam non prius quoque relicto in quo latebas corpore exieris? Haeres, reluctaris: tum quoque magno nisu matris expulsus es. Gemis, ploras: et hoc ipsum flere nascentis est, sed tunc debebat ignosci: rudis et inperitus omnium veneras. Ex maternorum viscerum calido mollique fomento emissum adflavit aura liberior, deinde offendit durae manus tactus, tenerque adhuc et nullius rei gnarus obstipuisti inter ignota:

(27) nunc tibi non est novum separari ab eo cuius ante pars fueris; aequo animo membra iam supervacua dimitte et istuc corpus inhabitatum diu pone. Scindetur, obruetur, abolebitur: quid contristaris? Ita solet fieri: pereunt semper velamenta nascentium. Quid ista sic diligis quasi tua? Istis opertus es: veniet qui te revellat dies et ex contubernio foedi atque olidi ventris educat.

(26) Dieser Tag, den du wie den letzten fürchtest, ist der Geburtstag der Ewigkeit. Leg deine Last beiseite: was zögerst du, als ob du nicht auch früher einen Körper, in dem du sicher verwahrt warst, zurückgelassen hättest und danach emporgestiegen wärest? Du wankst, du sträubst dich: auch damals wurdest du nach einer großen Anstrengung deiner Mutter hinausgestoßen. Du stöhnst, du weinst: allein, auch dieses Beklagen ist typisch für einen Neugeborenen, aber zu diesem Zeitpunkt musste man es verzeihen: unkundig und in allen Dingen unerfahren bist du gekommen. Aus der warmen und weichen Hülle des Mutterleibs entlassen, wehte dir ein freierer Luftzug entgegen, dann erregte die Berührung einer harten Hand deinen Unwillen, und bis dahin zart und keiner Sache kundig warst du vor Schrecken erstarrt inmitten des Unbekannten:

(27) so aber ist es nicht neu für dich, von dem getrennt zu werden, dessen Teil du vorher warst; gib die nunmehr überflüssigen Gliedmaßen mit Gleichmut auf und leg diesen lang bewohnten Körper ab. Er wird zerteilt, vergraben, vertilgt werden: warum bist du betrübt? So geschieht es gewöhnlich: die Hüllen derer, die geboren werden, gehen immer verloren. Was liebst du sie, als wäre sie dein Eigentum? Du bist von ihr verhüllt: der Tag wird kommen, der dich [von ihr] losreißt und aus der Gemeinschaft mit dem abscheulichen und übelriechenden Leib heraus in die Höhe führt.

(28) Huic nunc quoque tu quantum potes sub <duc te> voluptatique nisi quae cum naturalibus necessariisque cohaerebit alienus iam hinc altius aliquid sublimiusque meditare: aliquando naturae tibi arcana retegentur, discutietur ista caligo et lux undique clara percutiet. Imaginare tecum quantus ille sit fulgor tot sideribus inter se lumen miscentibus. Nulla serenum umbra turbabit; aequaliter splendebit omne caeli latus: dies et nox aeris infimi vices sunt. Tunc in tenebris vixisse te dices cum totam lucem et totus aspexeris, quam nunc per angustissimas oculorum vias obscure intueris, et tamen admiraris illam iam procul: quid tibi videbitur divina lux cum illam suo loco videris?

(29) Haec cogitatio nihil sordidum animo subsidere sinit, nihil humile, nihil crudele. Deos rerum omnium esse testes ait; illis nos adprobari, illis in futurum parari iubet et aeternitatem proponere. Quam qui mente concepit nullos horret exercitus, non terretur tuba, nullis ad timorem minis agitur.

(28) Entziehe dich ihm auch jetzt, so weit du es vermagst, und [auch] der Sinneslust, wenn sie nicht mit dem Natürlichen und dem Notwendigen verbunden ist; von da an [ihm] schon entfremdet, sinne auf etwas Höheres und Erhabeneres: eines Tages werden die Geheimnisse der Natur offenbart, jene Finsternis wird vertrieben werden und von überall her wird ein glänzendes Licht dich treffen. Stell dir vor, wie stark jenes Leuchten sein wird, wenn so viele Gestirne ihr Licht miteinander vereinen. Kein Schatten wird die Helligkeit trüben; gleichmäßig wird jede Seite des Himmelraums erstrahlen: Tag und Nacht sind ein Wechsel [nur] des unteren Dunstkreises. Dann wirst du sagen, dass du in der Dunkelheit gelebt hast, wirst mit völliger Klarheit auch das Ganze erblickt haben, das du im gegenwärtigen Augenblick durch einen sehr engen Spalt der Augen [nur] undeutlich siehst und es dennoch schon aus der Ferne bewunderst: wie wird dir das göttliche Licht erscheinen, wenn du es von einem günstigen Orte aus erblicken wirst?

(29) Keineswegs lässt dieser Gedanke zu, dass sich Schmutziges im Geiste festsetzt, keineswegs Kleinmütiges, keineswegs Rohes. Er sagt uns, dass die Götter die Zeugen aller Dinge sind; ihnen zu gefallen, das heißt er uns, ihnen in Zukunft gleichauf geschätzt zu werden und uns die Ewigkeit vor Augen zu halten. Wer diese mit seinem Geiste erfasst hat, der schreckt vor keinen Kriegsheeren zurück, wird nicht eingeschüchtert von der Kriegstrompete, wird durch keine Drohungen in Furcht versetzt.

(30) Quidni non timeat qui mori sperat? Is quoque qui animum tamdiu iudicat manere quamdiu retinetur corporis vinculo, solutum statim spargi, id agit ut etiam post mortem utilis esse possit. Quamvis enim ipse ereptus sit oculis, tamen

multa viri virtus animo multusque recursat
gentis honos.

Cogita quantum nobis exempla bona prosint: scies magnorum virorum non minus praesentiam esse utilem quam memoriam. Vale.

(30) Warum sollte sich einer fürchten, der zu sterben hofft? Auch derjenige, der meint, dass die Seele nur solange andauert, wie sie durch das hemmende Band des Körpers zurückgehalten wird, dass sie, nachdem sie befreit wurde, sofort zerstreut wird, arbeitet darauf hin, dass er auch nach seinem Tod nützlich sein kann. Wenn er nämlich selbst auch den Augen entrückt sein mag: trotzdem

kehrt der Verdienst eines Mannes oft ins Bewusstsein zurück
und oft der Ruhm seines Geschlechts.

Bedenke, wie viel uns geeignete Vorbilder nützen: du wirst einsehen, dass die Anwesenheit bedeutender Männer ebenso dienlich ist wie die Erinnerung [an sie]. Lebe wohl.

Liber XVII et XVIII – Epistula CIII

Seneca Lucilio suo Salutem,

(1) Quid ista circumspicis quae tibi possunt fortasse evenire sed possunt et non evenire? Incendium dico, ruinam, alia quae nobis incidunt, non insidiantur: illa potius vide, illa [vide] vita [illa] quae nos observant, quae captant. Rari sunt casus, etiamsi graves, naufragium facere, vehiculo everti: ab homine homini cotidianum periculum. Adversus hoc te expedi, hoc intentis oculis intuere; nullum est malum frequentius, nullum pertinacius, nullum blandius.

(2) Tempestas minatur antequam surgat, crepant aedificia antequam corruant, praenuntiat fumus incendium: subita est ex homine pernicies [est], et eo diligentius tegitur quo propius accedit. Erras si istorum tibi qui occurrunt vultibus credis: hominum effigies habent, animos ferarum, nisi quod illarum perniciosus est primus incursus: quos transiere non quaerunt. Numquam enim illas ad nocendum nisi necessitas incitat; [hae] aut fame aut timore coguntur ad pugnam: homini perdere hominem libet.

(3) Tu tamen ita cogita quod ex homine periculum sit ut cogites quod sit hominis officium; alterum intuere ne laedaris, alterum ne laedas. Commodis omnium laeteris, movearis incommodis, et memineris quae praestare debeas, quae cavere.

Buch 17 und 18 – Brief 103

Seneca grüßt seinen Lucilius,

(1) Was hältst du Ausschau nach Dingen, die dir vielleicht widerfahren können, [vielleicht] aber auch nicht widerfahren können? Ich spreche von einer Feuersbrunst, einem Einsturz des Hauses [und] anderes, was über uns hereinbricht, es nicht auf uns abgesehen hat: achte besser auf das, meide [besser] das, was uns auflauert. Unglücksfälle, wenngleich folgenschwer, sind selten: Schiffbruch erleiden, mit dem Wagen umgeworfen zu werden: gewöhnlich geht die Gefahr für einen Menschen vom Menschen aus. Dagegen rüste dich, das beachte mit wachsamen Blick; kein Übel ist häufiger, keines ist hartnäckiger, keines verlockender.

(2) Ein Unwetter ragt drohend empor, bevor es ausbricht, Gebäude knirschen, bevor sie einstürzen, ein Feuer kündigt der Rauch [schon] vorher an: plötzlich tritt die Gefahr durch einen Menschen ein, und sie wird umso sorgfältiger verborgen, je näher sie heranrückt. Du machst einen Fehler, wenn du den Mienen derer, die sich dir nähern, Vertrauen schenkst: sie haben die Gestalt von Menschen, die Herzen wilder Tiere, außer dass [nur] deren erster Angriff verhängnisvoll ist: denen, die ihnen entgangen sind, setzen sie nicht weiter nach. Niemals jedenfalls, um ihnen Leid zuzufügen, wenn nicht die Not sie antreibt; entweder durch Hunger oder durch Furcht werden sie zum Kampf genötigt: dem Menschen [aber] gefällt es, einen Menschen zugrunde zu richten.

(3) Du bedenke jedoch, welche Gefahr von einem Menschen ausgeht, mit der Einschränkung, dass du darauf bedacht bist, was die Pflicht eines Menschen ist; habe den einen im Auge, damit du nicht verletzt wirst, den anderen, damit du nicht verletzt. Du solltest dich am Glück aller erfreuen, von ihrem Unglück bewegt werden und dich darauf besinnen, was du gewähren, [und] wovor du dich hüten musst.

(4) Sic vivendo quid consequaris? Non te ne noceant, sed ne fallant. Quantum potes autem in philosophiam recede: illa te sinu suo proteget, in huius sacrario eris aut tutus aut tutior. Non arietant inter se nisi in eadem ambulantes via.

(5) Ipsam autem philosophiam non debebis iactare; multis fuit periculi causa insolenter tractata et contumaciter: tibi vitia detrahat, non aliis exprobret. Non abhorreat a publicis moribus nec hoc agat ut quidquid non facit damnare videatur. Licet sapere sine pompa, sine invidia. Vale.

(4) Was kannst du durch ein solches Leben erreichen? Nicht, dass sie dich nicht verletzen, aber dass sie dich nicht täuschen. Sofern du es vermagst, ziehe dich aber auf die Philosophie zurück: sie wird dich in ihrem Schoß behüten, in ihrem Tempel wirst du sicher oder wenigstens sicherer sein. Nur diejenigen stoßen aneinander, die auf ein und demselben Weg umherspazieren.

(5) Die Philosophie selbst wirst du jedoch nicht zur Schau tragen dürfen; vielen war sie eine Quelle der Gefahr, weil sie übermäßig und eigensinnig betrieben wurde: sie soll dir deine schlechten Eigenschaften entreißen, sie nicht den anderen zum Vorwurf machen. Sie soll nicht im Widerspruch zu den üblichen Gebräuchen stehen und sich nicht zum Hauptgeschäft machen, anscheinend alles zu verdammen, was nicht sie hervorbringt. Es ist möglich, ohne Prunk, ohne Anfeindung weise zu sein. Lebe wohl.

Liber XVII et XVIII – Epistula CIV

Seneca Lucilio suo Salutem,

(1) In Nomentanum meum fugi – quid putas? Urbem? Immo febrem et quidem subrepentem; iam manum mihi iniecerat. Medicus initia esse dicebat motis venis et incertis et naturalem turbantibus modum. Protinus itaque parari vehiculum iussi; Paulina mea retinente exire perseveravi. Illud mihi in ore erat domini mei Gallionis, qui cum in Achaia febrem habere coepisset, protinus navem escendit clamitans non corporis esse sed loci morbum.

(2) Hoc ego Paulinae meae dixi, quae mihi valetudinem meam commendat. Nam cum sciam spiritum illius in meo verti, incipio, ut illi consulam, mihi consulere. Et cum me fortiorem senectus ad multa reddiderit, hoc beneficium aetatis amitto; venit enim mihi in mentem in hoc sene et adulescentem esse cui parcitur. Itaque quoniam ego ab illa non inpetro ut me fortius amet, <a me> inpetrat illa ut me diligentius amem.

Buch 17 und 18 – Brief 104

Seneca grüßt seinen Lucilius,

(1) Ich bin auf mein Landgut bei Nomentum geflohen. Was meinst du wovor? Der Stadt? Keineswegs: vor dem Fieber und zwar einem schleichenden; schon hatte es mich in Besitz genommen. Der Arzt sagte, dass die Anfänge, ein in Unruhe geratener, [und] unsteter und den natürlichen Zustand trübender Puls, vorhanden sind: ich habe daher unverzüglich angeordnet, dass ein Wagen vorbereitet wird; ich beharrte darauf zu reisen, obgleich meine Paulina mich zurückzuhalten suchte. Jenes Wort meines Herren Gallio lag mir auf der Zunge, der, nachdem er in Achaia Fieber bekommen hatte, sofort ein Schiff bestieg, wobei er ausrief, dass es sich nicht um eine Krankheit des Körpers, sondern um eine des Ortes handelt.

(2) Dies erklärte ich meiner Paulina, der an meiner Gesundheit gelegen ist. Weil ich ja weiß, dass sich ihr Geist zu meinem hinwendet, fange ich an, mich zu schonen, um sie zu schonen. Und obgleich mich das Alter in vielerlei Hinsicht unerschrockener gemacht hat, lasse ich diese Wohltat des Alters fahren; es kommt mir nämlich in den Sinn, dass in einem alten Mann auch ein junger sich befindet, auf den er Rücksicht nimmt. Da ich nun also bei ihr nicht erreiche, dass sie mich allzu sehr liebt, erreicht sie bei mir, dass ich achtsamer mich selbst schätze.

(3) Indulgendum est enim honestis adfectibus; et interdum, etiam si premunt causae, spiritus in honorem suorum vel cum tormento revocandus et in ipso ore retinendus est, cum bono viro vivendum sit non quamdiu iuvat sed quamdiu oportet: ille qui non uxorem, non amicum tanti putat ut diutius in vita commoretur, qui perseverabit mori, delicatus est. Hoc quoque imperet sibi animus, ubi utilitas suorum exigit, nec tantum si vult mori, sed si coepit, intermittat et <se> suis commodet.

(4) Ingentis animi est aliena causa ad vitam reverti, quod magni viri saepe fecerunt; sed hoc quoque summae humanitatis existimo, senectutem suam, cuius maximus fructus est securior sui tutela et vitae usus animosior, attentius <curare>, si scias alicui id tuorum esse dulce, utile, optabile.

(5) Habet praeterea in se non mediocre ista res gaudium et mercedem; quid enim iucundius quam uxori tam carum esse ut propter hoc tibi carior fias? Potest itaque Paulina mea non tantum suum mihi timorem inputare sed etiam meum.

(3) Den edlen Regungen des Herzens gegenüber muss man nämlich nachsichtig sein; und zuweilen muss, selbst wenn gute Gründe drängen, zur Achtung seiner Angehörigen auch unter Qual der Lebenshauch zurückgehalten und sogar [noch] auf den Lippen festgehalten werden, weil ein tugendhafter Mann sein Leben erhalten sollte, nicht so lange es ihm gefällt, sondern solange es sich gebührt: verweichlicht ist, wer nicht seine Frau, wer nicht seinen Freund für so viel wert hält, dass er länger im Leben verweilen will, wer darauf beharrt zu sterben. Auch dies sollte sich der Geist auferlegen: wenn es das Glück der Seinen verlangt, sollte er nicht nur wenn er sich den Tod wünscht, sondern auch wenn er [schon] nahe ist, von ihm ablassen und sich den Seinen widmen.

(4) Um eines anderen willen ins Leben zurückzukehren, ist typisch für einen außerordentlichen Charakter, was bedeutende Männer oft bewiesen haben; aber auch dies sehe ich als Höhepunkt der menschlichen Natur an, für sein Alter – dessen größter Vorteil die Wahrung seines selbst ohne Sorgen und ein mutigerer Gebrauch des Lebens ist – aufmerksamer Sorge zu tragen, wenn man weiß, dass es für einen der Seinen angenehm, vorteilhaft und wünschenswert ist.

(5) Außerdem bringt eine solche Handlungsweise nicht wenig Freude und Lohn mit sich; denn was ist erfreulicher, als der Gattin so sehr wert zu sein, dass man sich dadurch selbst mehr wert ist? Meine Paulina kann mir daher nicht nur ihre Furcht zuschreiben, sondern auch die meine.

(6) Quaeris ergo quomodo mihi consilium profectionis cesserit? Ut primum gravitatem urbis excessi et illum odorem culinarum fumantium quae motae quidquid pestiferi vaporis sorbuerunt cum pulvere effundunt, protinus mutatam valetudinem sensi. Quantum deinde adiectum putas viribus postquam vineas attigi? In pascuum emissus cibum meum invasi. Repetivi ergo iam me; non permansit marcor ille corporis dubii et male cogitantis. Incipio toto animo studere.

(7) Non multum ad hoc locus confert nisi se sibi praestat animus, qui secretum in occupationibus mediis si volet habebit: at ille qui regiones eligit et otium captat ubique quo distringatur inveniet. Nam Socraten querenti cuidam quod nihil sibi peregrinationes profuissent respondisse ferunt: 'Non inmerito hoc tibi evenit; tecum enim peregrinabaris.'

(8) O quam benecum quibusdam ageretur, si a se aberrarent! Nunc premunt se ipsi, sollicitant, corrumpunt, territant. Quid prodest mare traicere et urbes mutare? Si vis ista quibus urgueris effugere, non aliubi sis oportet sed alius. Puta venisse te Athenas, puta Rhodon; elige arbitrio tuo civitatem: quid ad rem pertinet quos illa mores habeat? Tuos adferes.

(6) Du fragst nun, welchen Ausgang mein Reiseplan genommen hat? Sobald ich erst aus dem üblen Geruch der Stadt herausgetreten war und auch aus dem Gestank jener Dampfküchen, die, nachdem sie in Gang gebracht wurden, alles, was sie an mörderischem Dampf eingesaugt haben, zusammen mit Asche herausströmen lassen, habe ich sofort ein verbessertes körperliches Befinden verspürt. Wie viel an [körperlicher] Stärke, glaubst du, ist sodann hinzugekommen, als ich die Weinberge erreicht hatte? Auf die Weide hinausgelassen, bin ich auf mein Futter losgegangen. Ich habe mich also bereits erholt; jene Mattigkeit eines in misslicher Lage befindlichen Körpers – nachteilig auch für den, der über etwas nachdenkt – dauerte nicht weiter an. Ich fange an, mit Leib und Seele zu philosophieren.

(7) Ein Ort trägt nicht viel zu etwas bei, wenn der Geist es sich nicht selbst gewährt, der, wenn er es will, inmitten zerstreuender Beschäftigungen einen abgeschiedenen Ort besitzen wird: jener hingegen, der eine Gegend auswählt und dabei Ruhe sucht, wird überall etwas finden, wodurch er gestört wird. Tatsächlich soll Sokrates einem, der sich beklagte, dass Reisen in keiner Weise nützlich für ihn gewesen seien, erwidert haben: „Dies ist dir nicht zu Unrecht widerfahren; du warst nämlich mit dir selbst in der Fremde."

(8) Ach, wie gut ginge es manchen, wenn sie von sich selbst loskommen könnten! So aber bedrängen, beunruhigen, verderben, erschrecken sie sich selbst. Was hilft es, das Meer zu überqueren und die Stadt zu wechseln? Wenn du vor den Dingen fliehen willst, von denen du bedrängt wirst, ist es nicht nötig, anderswo zu sein, sondern ein anderer. Stell dir vor, du seiest nach Athen gekommen, [stell dir vor] nach Rhodos; wähle nach deinem freien Ermessen eine Bürgerschaft aus: was tut es zur Sache, welche Bräuche sie hat? Du bringst deine [eigenen] mit.

(9) Divitias iudicabis bonum: torquebit te paupertas, quod est miserrimum, falsa. Quamvis enim multum possideas, tamen, quia aliquis plus habet, tanto tibi videris defici quanto vinceris. Honores iudicabis bonum: male te habebit ille consul factus, ille etiam refectus; invidebis quotiens aliquem in fastis saepius legeris. Tantus erit ambitionis furor ut nemo tibi post te videatur si aliquis ante te fuerit.

(10) Maximum malum iudicabis mortem, cum <in> illa nihil sit mali nisi quod ante ipsam est, timeri. Exterrebunt te non tantum pericula sed suspiciones; vanis semper agitaberis. Quid enim proderit

evasisse tot urbes
Argolicas mediosque fugam tenuisse per hostis?

Ipsa pax timores sumministrabit; ne tutis quidem habebitur fides consternata semel mente, quae ubi consuetudinem pavoris inprovidi fecit, etiam ad tutelam salutis suae inhabilis est. Non enim vitat sed fugit; magis autem periculis patemus aversi.

(9) Du wirst Reichtum für ein Gut halten: die Armut wird dich quälen, [und] was das Erbärmlichste ist, keine echte [Armut]. Denn wenn du auch noch so viel besitzen solltest, wirst du, weil irgendeiner mehr hat, trotzdem denken, dass dir um so viel fehlen wird, wie du übertroffen wirst. Du wirst Ehrenämter für ein Gut halten: es wird dich übel mitnehmen, dass dieser zum Konsul gewählt, jener sogar wiedergewählt wurde; du wirst neidisch sein, sooft du irgendeinen [Namen] häufiger in den Amtskalendern liest. So groß wird die Verblendung deines Ehrgeizes sein, dass du denkst, es gibt niemanden hinter dir, falls irgendeiner vor dir gewesen ist.

(10) Den Tod wirst du für das größte Übel erklären, obwohl nichts an ihm von Übel ist, außer dem, was unmittelbar davor liegt: dass man ihn fürchtet. Es werden dich nicht nur [echte] Gefahren schrecken, sondern auch Ahnungen; von Einbildungen wirst du getrieben werden. Was wird es nämlich nützen

so vielen argolischen Städten glücklich entronnen
und mitten durch die Feinde hindurch geflüchtet zu sein?

Sogar der Friede wird Gründe zur Besorgnis liefern; und selbst sicheren Orten wird ein einmal aus der Fassung gebrachter Geist kein Vertrauen schenken, der, nachdem er sich eine achtlose Furcht zur Gewohnheit gemacht hat, unfähig zum Erhalt seines eigenen Wohlergehens ist. Er sucht nämlich nicht zu entgehen, sondern er flieht; stärker jedoch sind wir den Gefahren ausgesetzt, nachdem wir uns [ihnen] abgewendet haben.

(11) Gravissimum iudicabis malum aliquem ex his quos amabis amittere, cum interim hoc tam ineptum erit quam flere quod arboribus amoenis et domum tuam ornantibus decidant folia. Quidquid te delectat aeque vide, ut videres, cum virent, utere. Alium alio die casus excutiet, sed quemadmodum frondium iactura facilis est quia renascuntur, sic istorum quos amas quosque oblectamenta vitae putas esse damnum, quia reparantur etiam si non renascuntur.

(12) 'Sed non erunt idem.' Ne tu quidem idem eris. Omnis dies, omnis hora te mutat; sed in aliis rapina facilius apparet, hic latet, quia non ex aperto fit. Alii auferuntur, at ipsi nobis furto subducimur. Horum nihil cogitabis nec remedia vulneribus oppones, sed ipse tibi seres sollicitudinum causas alia sperando, alia desperando? Si sapis, alterum alteri misce: nec speraveris sine desperatione nec desperaveris sine spe.

(13) Quid per se peregrinatio prodesse cuiquam potuit? Non voluptates illa temperavit, non cupiditates refrenavit, non iras repressit, non indomitos amoris impetus fregit, nulla denique animo mala eduxit. Non iudicium dedit, non discussit errorem, sed ut puerum ignota mirantem ad breve tempus rerum aliqua novitate detinuit.

(11) Du wirst es für das schlimmste Unheil halten, irgendeinen von denen zu verlieren, die du liebst, obgleich dies doch ebenso töricht ist wie zu beklagen, dass von den schönen Bäumen, die auch dein Haus schmücken, die Blätter fallen. Alles, was dich erfreut, erblicke so, wie du es betrachten würdest, wenn es in seiner Blüte steht – genieße es. Der Tod wird es [dir] von einem auf den anderen Tag entreißen. Aber gleichwie der Verlust des Laubs leichter [zu ertragen] ist, weil es wieder nachwächst, so der Verlust derer, die du liebst und die du als Trost deines Lebens ansiehst, weil sie wiederhergestellt, wenn auch nicht wiedergeboren werden.

(12) „Sie werden aber nicht dieselben sein." Auch du wirst nicht derselbe sein. Jeder Tag, jede Stunde verändert dich; aber bei anderen ist das Fortgeraffte leichter zu sehen, deines bleibt [dir] verborgen, weil es nicht offensichtlich geschieht. Die anderen werden fortgerissen, doch wir selbst entfernen uns in Heimlichkeit. Wirst du nichts davon erwägen und gegen deine Verluste auch keine Heilmittel einsetzen, sondern dir selbst die Ursachen deiner Sorgen schaffen, bald aus Hoffnung, bald aus Verzweiflung? Wenn du klug bist, vermengst du eines mit dem anderen: du solltest nicht hoffen ohne Verzweiflung und nicht verzweifeln ohne Hoffnung.

(13) Wie hätte der Aufenthalt in der Ferne für irgendeinen von Nutzen sein können? Er hat die Leidenschaften nicht gemäßigt, die Begierden nicht gezügelt, den Zorn nicht unterdrückt, den ungezügelten Ansturm der Liebe nicht abgeschwächt, hat letztendlich keine Übel von der Seele weggeführt. Er hat keine Urteilskraft verliehen, nicht das Abweichen vom rechten Weg vereitelt, sondern wie einen Jungen, der das Feuer bestaunt, hat er dich für kurze Zeit mit etwas Neuartigem beschäftigt.

(14) Ceterum inconstantiam mentis, quae maxime aegra est, lacessit, mobiliorem levioremque reddit ipsa iactatio. Itaque quae petierant cupidissime loca cupidius deserunt et avium modo transvolant citiusque quam venerant abeunt.

(15) Peregrinatio notitiam dabit gentium, novas tibi montium formas ostendet, invisitata spatia camporum et inriguas perennibus aquis valles; alicuius fluminis <singularem ponet> sub observatione naturam, sive ut Nilus aestivo incremento tumet, sive ut Tigris eripitur ex oculis et acto per occulta cursu integrae magnitudinis redditur, sive ut Maeander, poetarum omnium exercitatio et ludus, implicatur crebris anfractibus et saepe in vicinum alveo suo admotus, antequam sibi influat, flectitur: ceterum neque meliorem faciet neque saniorem.

(16) Inter studia versandum est et inter auctores sapientiae ut quaesita discamus, nondum inventa quaeramus; sic eximendus animus ex miserrima servitute in libertatem adseritur. Quamdiu quidem nescieris quid fugiendum, quid petendum, quid necessarium, quid supervacuum, quid iustum, quid iniustum, quid honestum, quid inhonestum sit, non erit hoc peregrinari sed errare.

(14) Im Übrigen reizt gerade ein unsteter Aufenthalt die Unbeständigkeit eines Geistes, der [bereits] sehr erschöpft ist, macht ihn erregbarer und haltloser. Deshalb verlassen sie recht begierig die Orte, die sie so begierig angestrebt hatten, und nach Art der Vögel fliegen sie vorüber und reisen schneller ab, als sie angekommen sind.

(15) Das Reisen in die Ferne wird Kenntnis über die Welt verleihen; neue Gebirgszüge lässt es dich sehen, die unbekannten Weiten der Ebenen und die durch nie versiegende Quellen bewässerten Täler, wird die einzigartige Beschaffenheit irgendeines Stroms der Beobachtung für wert halten: sei es, wie der Nil beim sommerlichen Anstieg [des Wasserstands] anschwillt, sei es, wie der Tigris dem Blick entzogen und, nachdem er im Verborgenen seinen Lauf nahm, in seiner ganzen Erhabenheit wieder ausgestoßen wird, sei es, wie der Mäander, Übungsstoff und Zeitvertreib aller Dichter, sich in zahlreichen Biegungen verwickelt und, nachdem er in die Nähe seines Flussbetts gelangt ist, häufig abgelenkt wird, bevor er hineinfließt: gleichwohl wird es dich weder besser noch gesünder machen.

(16) Wir müssen uns mit wissenschaftlichen Studien und den Lehrmeistern der Weisheit beschäftigen, um das zu lernen, was erforscht wurde, um nach dem zu suchen, was noch nicht entdeckt wurde; auf diese Weise wird der Geist, den man von seiner elenden Knechtschaft erlösen muss, in Freiheit gesetzt. Solange du aber nicht verstanden hast, was man meiden, was man anstreben muss, was notwendig, was überflüssig, was gerecht, was ungerecht, was sittlich, was unsittlich ist, wird es kein in der Fremde aufhalten sein, sondern ein [in der Fremde] umherirren.

(17) Nullam tibi opem feret iste discursus; peregrinaris enim cum adfectibus tuis et mala te tua sequuntur. Utinam quidem sequerentur! Longius abessent: nunc fers illa, non ducis. Itaque ubique te premunt et paribus incommodis urunt. Medicina aegro, non regio quaerenda est.

(18) Fregit aliquis crus aut extorsit articulum: non vehiculum navemque conscendit, sed advocat medicum ut fracta pars iungatur, ut luxata in locum reponatur. Quid ergo? Animum tot locis fractum et extortum credis locorum mutatione posse sanari? Maius est istud malum quam ut gestatione curetur.

(19) Peregrinatio non facit medicum, non oratorem; nulla ars loco discitur: Quid ergo? Sapientia, ars omnium maxima, in itinere colligitur? Nullum est, mihi crede, iter quod te extra cupiditates, extra iras, extra metus sistat; aut si quod esset, agmine facto gens illuc humana pergeret. Tamdiu ista urguebunt mala macerabuntque per terras ac maria vagum quamdiu malorum gestaveris causas.

(17) Diese Hin- und Herlauferei wird dir keine Hilfe bringen; du reist nämlich zusammen mit deinen Gemütsstimmungen umher und deine schlechten Eigenschaften folgen dir. Ja, wenn sie doch nur folgten! Sie blieben länger fern: so aber trägst du sie an dir, lenkst sie nicht. Daher belasten sie dich allerorten und plagen dich mit immergleichen Widrigkeiten. Der Kranke muss ein Heilmittel finden, keine [neue] Weltgegend.

(18) Irgendeiner hat sich das Bein gebrochen oder sich den Knöchel verrenkt: er besteigt keinen Wagen oder ein Schiff, sondern er ruft einen Arzt herbei, damit das gebrochene Stück zusammengefügt, damit das Verrenkte wieder an die rechte Stelle gesetzt wird. Was nun also? Du glaubst, dass ein Geist, der bei so vielen Gelegenheiten verletzt und genötigt wurde, durch eine Ortsänderung geheilt werden kann? Allzu groß ist dieses Übel, als dass es durch eine Spazierfahrt kuriert werden könnte.

(19) Das Reisen bringt keinen Arzt hervor, keinen Redner; durch [einen Aufenthalt] an einem Ort wird keine Kunstfertigkeit gelernt. Wie nun? Wird die Weisheit, die höchste aller Künste, beim Gehen aufgelesen? Glaub mir, es gibt keinen Weg, der dich aus den Begierden, aus den Zornausbrüchen, aus den Ängsten herausführt; oder aber die ganze Menschheit würde sich, wenn es ihn gäbe, im geschlossenen Zug dorthin aufmachen. Diese Übel werden dich, durch Länder und Meere umherziehend, so lange bedrängen und schwächen, wie du die Ursachen der Übel mit dir führst.

(20) Fugam tibi non prodesse miraris? Tecum sunt quae fugis. Te igitur emenda, onera tibi detrahe et [emenda] desideria intra salutarem modum contine; omnem ex animo erade nequitiam. Si vis peregrinationes habere iucundas, comitem tuum sana. Haerebit tibi avaritia quamdiu avaro sordidoque convixeris; haerebit tumor quamdiu superbo conversaberis; numquam saevitiam in tortoris contubernio pones; incendent libidines tuas adulterorum sodalicia.

(21) Si velis vitiis exui, longe a vitiorum exemplis recedendum est. Avarus, corruptor, saevus, fraudulentus, multum nocituri si propea te fuissent, intra te sunt. Ad meliores transi: cum Catonibus vive, cum Laelio, cum Tuberone. Quod si convivere etiam Graecis iuvat, cum Socrate, cum Zenone versare: alter te docebit mori si necesse erit, alter antequam necesse erit.

(22) Vive cum Chrysippo, cum Posidonio: hi tibi tradent humanorum divinorumque notitiam, hi iubebunt in opere esse nec tantum scite loqui et in oblectationem audientium verba iactare, sed animum indurare et adversus minas erigere. Unus est enim huius vitae fluctuantis et turbidae portus eventura contemnere, stare fidenter ac paratum tela fortunae adverso pectore excipere, non latitantem nec tergiversantem.

(20) Du wunderst dich, dass dir die Flucht nicht von Nutzen ist? Wovor du fliehst, befindet sich bei dir. Befreie dich also, schaff dir die Bürden vom Hals und halte deine Wünsche innerhalb eines gesunden Maßes im Zaum; tilge alles an Verdorbenheit aus deinem Geiste. Wenn du erfreuliche Reisen verleben willst, heile deinen Weggefährten. Die Habsucht wird an dir hängen bleiben, solange du mit einem Geldgierigen und Geizigen zusammenlebst; der Stolz wird an dir hängen bleiben, solange du Umgang mit einem Hochmütigen hast; niemals wirst du die Grausamkeit in Gesellschaft eines Folterknechts ablegen; der gesellige Umgang mit Ehebrechern wird deine sinnlichen Gelüste erregen.

(21) Wenn du dich deiner Fehler entledigen willst, muss du dich von den Vorbildern der Verfehlungen weithin fernhalten. Der Geizhals, der Verführer, der Grausame, der Betrügerische, die, wenn sie dir nahe wären, viel Unheil anrichten würden, befinden sich in dir selbst. Geh über zu den sittlich Besseren: lebe mit den Catonen, mit Laelius, mit Tubero. Wenn es dir aber gefällt, auch mit den Griechen zusammenzuleben, beschäftige dich mit Sokrates, mit Zenon: der eine wird dich lehren zu sterben, wenn es unausweichlich ist, der andere, bevor es unausweichlich ist.

(22) Lebe mit Chrysipp, mit Poseidonios: diese werden dir das Wissen über Menschliches und Göttliches anvertrauen, diese werden dich auffordern, tätig zu sein, und nicht nur klug daherzureden und zur Unterhaltung der Zuhörer Sinnsprüche zu verbreiten, sondern den Geist zu stählen und gegen Drohungen aufzurichten. Denn der einzige Hafen in diesem wogenden und verworrenen Leben ist es, das, was geschehen wird, geringzuschätzen, entschlossen standzuhalten und gut vorbereitet die Pfeile des Schicksals mit zugewandter Brust zu erwarten, ohne sich zu verstecken oder Ausflüchte zu suchen.

(23) Magnanimos nos natura produxit, et ut quibusdam animalibus ferum dedit, quibusdam subdolum, quibusdam pavidum, ita nobis gloriosum et excelsum spiritum quaerentem ubi honestissime, non ubi tutissime vivat, simillimum mundo, quem quantum mortalium passibus licet sequitur aemulaturque; profert se, laudari et aspici credit.

(24) <Dominus> omnium est, supra omnia est; itaque nulli se rei summittat, nihil illi videatur grave, nihil quod virum incurvet.

Terribiles visu formae, Letumque Labosque.

minime quidem, si quis rectis oculis intueri illa possit et tenebras perrumpere; multa per noctem habita terrori dies vertit ad risum.

Terribiles visu formae, Letumque Labosque.

egregie Vergilius noster non re dixit terribiles esse sed visu, id est videri, non esse.

(25) Quid, inquam, in istis est tam formidabile quam fama vulgavit? Quid est, obsecro te, Lucili, cur timeat laborem vir, mortem homo? Totiens mihi occurrunt isti qui non putant fieri posse quidquid facere non possunt, et aiunt nos loqui maiora quam quae humana natura sustineat.

(23) Die Natur hat uns großherzig erschaffen, und wie sie manchen Tieren einen wilden, manchen einen heimtückischen, manchen einen furchtsamen Geist gab, so [verlieh sie] uns einen hochstrebenden und erhabenen [Geist], der zu ergründen sucht, wo er das ehrbarste, nicht wo er das ungefährdetste Leben führen kann, ähnlich der kosmischen Ordnung, der er folgt und nacheifert, soweit es den Schritten der Sterblichen möglich ist; er zeigt sich der Welt, vertraut darauf, gelobt und mit Bewunderung angesehen zu werden.

(24) Er ist der Herr aller Dinge, steht jenseits von allem; daher sollte er sich keiner Sache unterordnen, nichts sollte ihm beschwerlich erscheinen, nichts von dem, was einen Mann beugen könnte.

Schrecklich die Gestalten anzusehen, und der Tod und die Mühsal.

Keineswegs jedoch, wenn einer mit ruhigem Blick sie zu betrachten und die Finsternis zu durchdringen vermag; vieles, was in der Nacht für ein Schrecknis gehalten wurde, hat der Tag der Lächerlichkeit preisgegeben.

Schrecklich die Gestalten anzusehen, und der Tod und die Mühsal.

Vorzüglich hat es unser Vergil gesagt: dass sie nicht wirklich schrecklich sind, sondern nur schrecklich anzusehen, das heißt, sie werden dafür gehalten, sind es [aber] nicht.

(25) Was an ihnen, frage ich, ist in einem Grade furchtbar, wie es das Reden der Leute überall verbreitet? Welchen Grund gibt es, ich bitte dich, Lucilius, weshalb ein Mann die Anstrengung, der Mensch den Tod fürchten sollte? So oft begegnen mir solche, die nicht glauben, dass all das geleistet werden kann, was sie nicht leisten können, und sie behaupten, wir würden immer von Größerem sprechen, als es die menschliche Natur aushalten kann.

(26) At quanto ego de illis melius existimo! Ipsi quoque haec possunt facere, sed nolunt. Denique quem umquam ista destituere temptantem? Cui non faciliora apparuere in actu? Non quia difficilia sunt non audemus, sed quia non audemus difficilia sunt.

(27) Si tamen exemplum desideratis, accipite Socraten, perpessicium senem, per omnia aspera iactatum, invictum tamen et paupertate, quam graviorem illi domestica onera faciebant, et laboribus, quos militares quoque pertulit. Quibus ille domi exercitus, sive uxorem eius moribus feram, lingua petulantem, sive liberos indociles et matri quam patri similiores sive aut in bello fuit aut in tyrannide aut in libertate bellis ac tyrannis saeviore.

(28) Viginti et septem annis pugnatum est; post finita arma triginta tyrannis noxae dedita est civitas, ex quibus plerique inimici erant. Novissime damnatio est sub gravissimis nominibus impleta: obiecta est et religionum violatio et iuventutis corruptela, quam inmittere in deos, in patres, in rem publicam dictus est. Post haec carcer et venenum. Haec usque eo animum Socratis non moverant ut ne vultum quidem moverint. <O> illam mirabilem laudem et singularem! Usque ad extremum nec hilariorem quisquam nec tristiorem Socraten vidit; aequalis fuit in tanta inaequalitate fortunae.

(26) Ach, wie viel besser urteile ich über sie! Auch sie selbst können diese Dinge leisten, aber sie wollen es nicht. Wen haben sie überhaupt jemals nach einem Versuch zurückgelassen? Wen haben sie bei ihrer Verrichtung nicht leichter Anerkennung finden lassen? Nicht weil sie schwierig sind, wagen wir uns nicht heran, sondern weil wir uns nicht heranwagen, sind sie schwierig.

(27) Wenn ihr dennoch ein Vorbild verlangt, nehmt Sokrates, ein alter Mann, der viel ausgestanden hat, von den ganzen Härten [des Lebens] hin- und hergetrieben, trotzdem unbesiegt sowohl von der Armut, welche ihm die häuslichen Verpflichtungen schwerer machte, als auch von den Mühseligkeiten, die er ebenso im Felde ertrug. Von solchen Dingen wurde er in der Heimat geplagt, sei es, dass ich über den Lebenswandel seiner Frau spreche, frivol mit böser Zunge, oder über die ungeschickten und dabei mehr der Mutter als dem Vater ähnlichen Kinder, oder darüber, dass er entweder im Krieg, [oder] in einer Tyrannei oder in einem Frieden lebte, der schrecklicher war als Krieg und Gewaltherrschaft.

(28) Siebenundzwanzig Jahre ist gekämpft worden; nach dem Ende des Kriegs ist die Bürgerschaft dem Verbrechenswerk von dreißig Tyrannen ausgesetzt worden, von denen die meisten seine Feinde waren. Zuletzt wurde unter unerträglichen Vorwänden eine Verurteilung erreicht: man machte ihm sowohl eine Verletzung der religiösen Bräuche zum Vorwurf als auch die Verführung der Jugend, die er gegen die Götter, gegen die Väter, gegen den Staat aufgehetzt haben soll. Danach Kerker und Gift. Dies hatte das Gemüt des Sokrates so wenig erschüttert, dass es nicht einmal seine Miene bewegte. Ach, jene bewundernswerte und einzigartige Ruhmestat! Weder hat irgendjemand Sokrates bis zu seinem Ende heiterer noch trauriger gesehen; er blieb sich gleich in der so großen Ungleichheit des Schicksals.

(29) Vis alterum exemplum? Accipe hunc M. Catonem recentiorem, cum quo et infestius fortuna egit et pertinacius. Cui cum omnibus locis obstitisset, novissime et in morte, ostendit tamen virum fortem posse invita fortuna vivere, invita mori. Tota illi aetas aut in armis est exacta civilibus aut +intacta+ concipiente iam civile bellum; et hunc licet dicas non minus quam Socraten in servis eluxisse nisi forte Cn. Pompeium et Caesarem et Crassum putas libertatis socios fuisse.

(30) Nemo mutatum Catonem totiens mutata re publica vidit; eundem se in omni statu praestitit, in praetura, in repulsa, in accusatione, in provincia, in contione, in exercitu, inmorte. Denique in illa rei publicae trepidatione, cum illinc Caesar esset decem legionibus pugnacissimis subnixus, totis exterarum gentium praesidiis, hinc Cn. Pompeius, satis unus adversus omnia, cum alii ad Caesarem inclinarent, alii ad Pompeium, solus Cato fecit aliquas et rei publicae partes.

(31) Si animo conplecti volueris illius imaginem temporis, videbis illinc plebem et omnem erectum ad res novas vulgum, hinc optumates et equestrem ordinem, quidquid erat in civitate sancti et electi, duos in medio relictos, rempublicam et Catonem. Miraberis, inquam, cum animadverteris:

Atriden Priamumque et saevom ambobus Achillen;

utrumque enim inprobat, utrumque exarmat.

(29) Du verlangst ein weiteres Beispiel? Nimm unseren M. Cato, den Jüngeren, den das Schicksal [noch] feindseliger und auch hartnäckiger behandelt hat. Obgleich es sich ihm bei allen Gelegenheiten entgegengestellt hatte, zuletzt sogar im Tode, hat er dennoch gezeigt, dass ein tapferer Mann dem Schicksal zum Trotze gut leben kann, ihm zum Trotze sterben kann. Sein ganzes Leben hat er entweder im Bürgerkrieg verbracht oder in einem Frieden, der den Bürgerkrieg bereits in sich nährte; und man kann sagen, dass er nicht weniger als Sokrates unter den Sklaven hervorgetreten ist, außer du glaubst vielleicht, Pompeius, Caesar und Crassus seien Verbündete der Freiheit gewesen.

(30) Trotz der so häufigen Veränderungen im Staate, hat niemand Cato verändert gesehen; er hat sich in jeder Lage als derselbe erwiesen, im Amt des Prätors, bei seiner erfolglosen Amtsbewerbung, unter Anklage, bei der Verwaltung einer Provinz, in der Volksversammlung, im Heer, im Tode. Schließlich, in jenem politischen Wirrwarr, als sich Caesar auf der einen Seite befand, gestützt auf zehn kampflustige Legionen, auf sämtliche Verstärkungen der auswärtigen Stämme, auf der anderen Seite Pompeius, allein gegen alle genügend, hat nur Cato, als die einen Caesar zuneigten, die anderen Pompeius, auf eine andere Partei hingearbeitet – und zwar auf eine der Republik.

(31) Wenn du im Geiste ein Bild jener Zeit zu erlangen wünschst, wirst du auf der einen Seite das Volk und den ganzen, zum Umsturz entschlossenen Pöbel erblicken, auf der anderen die Optimaten und den Ritterstand, was auch immer im Staate ehrwürdig und auserwählt war, zwei in der Mitte außer acht gelassen: die Republik und Cato. Du wirst dich wundern, sage ich, wenn du gewahr wirst:

die Atriden und Priamos – und unversöhnlich beiden der Achill;

denn beide weist er zurück, beide entkräftet er.

(32) Hanc fert de utroque sententiam: ait se, si Caesar vicerit, moriturum, si Pompeius, exulaturum. Quid habebat quod timeret qui ipse sibi et victo et victori constituerat quae constitutaesse ab hostibus iratissimis poterant? Perit itaque ex decreto suo.

(33) Vides posse homines laborem pati: per medias Africae solitudines pedes duxit exercitum. Vides posse tolerari sitim: in collibus arentibus sine ullis inpedimentis victi exercitus reliquias trahens inopiam umoris loricatus tulit et, quotiens aquae fuerat occasio, novissimus bibit. Vides honorem et notam posse contemni: eodem quo repulsus est die in comitio pila lusit. Vides posse non timeri potentiam superiorum: et Pompeium et Caesarem, quorum nemo alterum offendere audebat nisi ut alterum demereretur, simul provocavit. Vides tam mortem posse contemni quam exilium: et exilium sibi indixit et mortem et interim bellum.

(34) Possumus itaque adversus ista tantum habere animi, libeat modo subducere iugo collum. In primis autem respuendae voluptates: enervant et effeminant et multum petunt, multum autem a fortuna petendum est. Deinde spernendae opes: auctoramenta sunt servitutum. Aurum et argentum et quidquid aliud felices domos onerat relinquatur: non potest gratis constare libertas. Hanc si magno aestimas, omnia parvo aestimanda sunt. Vale.

(32) Folgendes Urteil äußerte er über beide: falls Caesar Oberhand behielte, sagte er, werde er sterben, falls Pompeius, werde er in Verbannung leben. Was hatte einer zu fürchten, der für sich selbst als Besiegten wie als Sieger bestimmte, was von seinen erzürntesten Feinden hätte bestimmt werden können? Er kam demnach aus eigener Entscheidung ums Leben.

(33) Du siehst, dass Menschen Strapazen überstehen können: mitten durch die Wüsten Afrikas hat er zu Fuß sein Heer geführt. Du siehst, dass Durst ertragen werden kann: mit den Resten seines geschlagenen Heeres auf ausgetrockneten Anhöhen ohne irgendwelche Versorgungstruppen sich dahinschleppend, hat er in schwerer Rüstung den Wassermangel ertragen und, jedes Mal, wenn sich ab und an Wasser fand, als letzter getrunken. Du siehst, dass Verehrung und Beschimpfung geringeschätzt werden können: an demselben Tag, an dem seine Bewerbung abgewiesen wurde, hat er auf dem Wahlplatz Ball gespielt. Du siehst, dass es möglich ist, die Macht der Sieger nicht zu fürchten: beide, Pompeius und Caesar, von denen keiner wagte, dem anderen nahe zu treten, außer um sich den anderen zu verpflichten, hat er zugleich herausgefordert. Du siehst, dass auf diese Weise sowohl der Tod als auch die Verbannung gleichgültig hingenommen werden kann: die Verbannung und den Tod und zuweilen den Krieg hat er sich selbst auferlegt.

(34) Deshalb können wir gegen diese Dinge so großen Mut aufbringen – wenn es uns nur beliebt, ihrem Sklavenjoch den Nacken zu verweigern. Zuerst jedoch muss man die Vergnügungen zurückweisen: sie entkräften, [und] sie verweichlichen und sie fordern viel ein; viel jedoch muss [dann] vom Schicksal gefordert werden. Alsdann muss der Reichtum verschmäht werden: er ist der Sold der Sklaverei. Gold, [und] Silber und alles andere, das die vom Glück begünstigten Häuser belastet, sollte man aufgeben: Freiheit kann es nicht umsonst geben. Wenn du diese als bedeutend erachtest, musst du alles [andere] als gering ansehen. Lebe wohl.

Liber XVII et XVIII – Epistula CV

Seneca Lucilio suo Salutem,

(1) Quae observanda tibi sint ut tutior vivas dicam. Tu tamen sic audias censeo ista praecepta quomodo si tibi praeciperem qua ratione bonam valetudinem in Ardeatino tuereris. Considera quae sint quae hominem in perniciem hominis instigent: invenies spem, invidiam, odium, metum, contemptum.

(2) Ex omnibus istis adeo levissimum est contemptus ut multi in illo remedii causa delituerint. Quem quis contemnit, calcat sine dubio sed transit; nemo homini contempto pertinaciter, nemo diligenter nocet; etiam in acie iacens praeteritur, cum stante pugnatur.

(3) Spem inproborum vitabis si nihil habueris quod cupiditatem alienam et inprobam inritet, si nihil insigne possederis; concupiscuntur enim etiam parva, si parum nota sunt, si rara. Invidiam effugies si te non ingesseris oculis, si bona tua non iactaveris, si scieris in sinu gaudere. Odium aut est ex offensa (hoc vitabis neminem lacessendo) aut gratuitum, a quo te sensus communis tuebitur. Fuit hoc multis periculosum: quidam odium habuerunt nec inimicum.

Buch 17 und 18 – Brief 105

Seneca grüßt seinen Lucilius,

(1) Ich werde dir sagen, worauf du achtgeben musst, um ungefährdet zu leben. Doch du solltest dir diese Anweisungen so anhören, meine ich, wie wenn ich dir vorschreiben würde, auf welche Weise du in Ardea deine gute Gesundheit bewahren kannst. Überlege, welche Dinge es sind, die einen Menschen zum Verderben eines [anderen] Menschen treiben: du wirst auf die Hoffnung stoßen, den Neid, den Hass, die Furcht [und] die Verachtung.

(2) Von all diesen ist die Verachtung so wenig ins Gewicht fallend, dass sich wegen ihrer lindernden Wirkung viele dahinter versteckt haben. Denjenigen, den einer verachtet, den tritt er mit Füßen, aber ohne Zweifel geht er über ihn hinweg; niemand schadet einem verachteten Menschen unablässig, niemand [schadet] ihm gründlich; auch im Feld geht man an dem am Boden Liegenden vorbei, gekämpft wird mit dem, der steht.

(3) Der Hoffnung der Bösewichter wirst du entgehen, wenn du nichts an dir hast, was eine fremde und boshafte Begierde erregt, wenn du nichts Auffallendes besitzt; auch nach geringfügigen Dingen wird nämlich getrachtet, wenn sie wenig bekannt, wenn sie rar sind. Dem Neid wirst du entkommen, wenn du dich nicht den Blicken aufdrängst, wenn du nicht mit deinem Vermögen prahlst, wenn du es verstehst, dich innerlich zu freuen. Hass beruht entweder auf einer Kränkung (das wirst du vermeiden, indem du niemanden reizt) oder er ist grundlos, wovor dich der gesunde Menschenverstand schützen wird. Für viele war er gefährlich: manch einer ist verhasst gewesen, hatte aber keinen Feind.

(4) Illud, ne timearis, praestabit tibi et fortunae mediocritas et ingeni lenitas: eum esse te homines sciant quem offendere sine periculo possint; reconciliatio tua et facilis sit et certa. Timeri autem tam domi molestum est quam foris, tam a servis quam a liberis: nulli non ad nocendum satis virium est. Adice nunc quod qui timetur timet: nemo potuit terribilis esse secure.

(5) Contemptus superest, cuius modum in sua potestate habet qui illum sibi adiunxit, qui contemnitur quia voluit, non quia debuit. Huius incommodum et artes bonae discutiunt et amicitiae eorum qui apud aliquem potentem potentes sunt, quibus adplicari expediet, non inplicari, ne pluris remedium quam periculum constet.

(6) Nihil tamen aeque proderit quam quiescere et minimum cum aliis loqui, plurimum secum. Est quaedam dulcedo sermonis quae inrepit et eblandituret non aliter quam ebrietas aut amor secreta producit. Nemo quod audierit tacebit, nemo quantum audierit loquetur; qui rem non tacuerit non tacebit auctorem. Habet unus quisque aliquem cui tantum credat quantum ipsi creditum est; ut garrulitatem suam custodiat et contentus sit unius auribus, populum faciet; sic quod modo secretum erat rumor est.

(4) Dafür, das du nicht gefürchtet wirst, werden dir sowohl ein moderates Vermögen als auch ein gelassener Geist Gewähr bieten: die Menschen sollten wissen, dass du einer bist, den sie ungefährdet kränken können; eine Versöhnung mit dir sollte einfach und glaubwürdig sein. Gefürchtet zu werden, ist jedoch daheim ebenso unliebsam wie außer Haus, von Sklaven ebenso wie von Freien: jeder besitzt ausreichend Mittel, um Schaden anzurichten. Nimm nun noch hinzu, dass derjenige, der gefürchtet wird, selbst in Furcht lebt: niemand kann gefahrlos Furcht einflößend sein.

(5) Übrig bleibt noch diejenige Verachtung, deren Ausmaß derjenige unter seiner Kontrolle hat, der sie sich erworben hat, der verachtet wird, weil er es wollte, nicht weil er dazu bestimmt war. Sowohl [die Beschäftigung] mit den freien Künsten beseitigen deren Nachteil als auch die Freundschaft derer, die bei einem Mächtigen über Einfluss verfügen, denen sich anzuschließen, sich [aber] nicht an sie zu ketten, von Nutzen sein wird, damit das Schutzmittel nicht teurer zu stehen kommt als die Gefahr.

(6) Dennoch wird nichts im gleichen Maße nützlich sein, wie sich zurückzuziehen und wenig mit anderen zu sprechen, viel mit sich selbst. Es gibt eine gewisse Lust zum Klatsch, die sich einschleicht und einschmeichelt, und nicht anders als die Trunksucht oder die Liebe Geheimnisse hervorlockt. Niemand wird verschweigen, was er gehört hat, niemand nur im Munde führen, so viel er gehört hat; wer einen Sachverhalt nicht verschweigt, wird [auch] dessen Quelle nicht verschweigen. Ein jeder kennt einen anderen, dem er anvertraut, was ihm selbst anvertraut wurde; selbst wenn er seine Geschwätzigkeit kontrolliert und sich mit den Ohren eines Einzigen zufrieden gibt, wird er ein Publikum hervorbringen; so wird zum Gerede der Leute, was eben noch ein Geheimnis war.

(7) Securitatis magna portio est nihil inique facere: confusam vitam et perturbatam inpotentes agunt; tantum metuunt quantum nocent, nec ullo tempore vacant. Trepidant enim cum fecerunt, haerent; conscientia aliud agere non patitur ac subinde respondere ad se cogit. Dat poenas quisquis expectat; quisquis autem meruit expectat.

(8) Tutum aliqua res in mala conscientia praestat, nulla securum; putat enim se, etiam si non deprenditur, posse deprendi, et inter somnos movetur et, quotiens alicuius scelus loquitur, de suo cogitat; non satis illi oblitteratum videtur, non satis tectum. Nocens habuit aliquando latendi fortunam, numquam fiduciam. Vale.

(7) Ein großer Teil der Gemütsruhe beruht darauf, in keiner Weise feindselig zu handeln: Menschen ohne Selbstbeherrschung führen ein zügelloses und auch unruhiges Leben. Sie fürchten ebenso viel, wie sie Schaden zufügen, und sind zu keiner Zeit frei davon. Sie sind in Unruhe, wenn sie etwas verbrochen haben, sind ratlos; ihr Gewissen lässt es nicht zu, sich mit anderen Dingen zu befassen, sondern zwingt sie, sich immer wieder gegen sich selbst zu verteidigen. Strafe zahlt jeder, der sie erwartet; jeder aber, der sie verdient hat, erwartet sie.

(8) Bei einem schlechten Gewissen verschafft manch etwas Sicherheit, [aber] keine Sorgenfreiheit; auch wenn einer nicht ertappt wird, hält er es für möglich, ertappt zu werden, sogar mitten im Schlaf wird er davon aufgewühlt und immer wenn das Verbrechen irgendeines anderen besprochen wird, denkt er über das eigene nach; es scheint ihm nicht ausreichend aus dem Gedächtnis geschwunden, sich nicht ausreichend verborgen zu haben. Einer, der Unrecht begeht, hat zuweilen das Glück, verborgen zu bleiben, niemals die Gewissheit. Lebe wohl.

Liber XVII et XVIII – Epistula CVI

Seneca Lucilio suo Salutem,

(1) Tardius rescribo ad epistulas tuas, non quia districtus occupationibus sum. Hanc excusationem cave audias: vaco, et omnes vacant qui volunt. Neminem res sequuntur: ipsi illas amplexantur et argumentum esse felicitatis occupationem putant. Quid ergo fuit quare non protinus rescriberem? Id de quo quaerebas veniebat in contextum operis mei;

(2) scis enim me moralem philosophiam velle conplecti et omnes ad eam pertinentis quaestiones explicare. Itaque dubitavi utrum differrem te donec suus isti rei veniret locus, an ius tibi extra ordinem dicerem: humanius visum est tam longe venientem non detinere.

(3) Itaque et hoc ex illa serie rerum cohaerentium excerpam et, si quaerunt eiusmodi, non quaerenti tibi ultro mittam. Quae sint haec interrogas? Quae scire magis iuvat quam prodest, sicut hoc de quo quaeris: bonum an corpus sit?

(4) Bonum facit; prodest enim; quod facit corpus est. Bonum agitat animum et quodam modo format et continet, quae [ergo] propria sunt corporis. Quae corporis bona sunt corpora sunt; ergo et quae animi sunt; nam et hoc corpus est.

Buch 17 und 18 – Brief 106

Seneca grüßt seinen Lucilius,

(1) Ich antworte spät auf deine Briefe, [aber] nicht weil ich durch Geschäfte in Anspruch genommen bin. Du solltest einer solchen Ausrede ja kein Gehör schenken: ich habe Zeit, und tatsächlich hat jeder Zeit, der es will. Die Geschäfte verfolgen niemanden: [die Menschen] selbst halten sie umschlungen und glauben, dass die geschäftliche Beanspruchung ein Zeichen des Erfolgs ist. Was war also der Grund, warum ich dir nicht unverzüglich geantwortet habe? Das, wonach du gefragt hast, zeigte eine enge Verknüpfung zu meiner Arbeit;

(2) denn du weißt, dass ich die Moralphilosophie zusammenfassend darstellen und alle sich darauf beziehenden Fragestellungen erörtern will. Ich war daher unsicher, ob ich dich solange vertrösten sollte, bis die passende Stelle für diesen Sachverhalt käme, oder dir ausnahmsweise ein Vorrecht aussprechen sollte: es erscheint mir höflicher, einen, der von so weit her kommt, nicht hinzuhalten.

(3) Daher werde ich sowohl deine Frage aus jener Reihe von zusammenhängenden Sachverhalten herausnehmen, als auch, wenn sie solches erfordern, dir obendrein schreiben, was du [bisher] nicht nachgefragt hast. Was für Sachverhalte dies sein könnten, fragst du? Diejenigen, deren Kenntnis eher erfreut als nützt, wie zum Beispiel das, was du zu ergründen suchst: ob ein Körper ein Gut sein kann?

(4) Ein Gut ist tätig; es nützt nämlich; das, was tätig ist, beruht auf einem Körper. Ein Gut setzt die Seele in Bewegung und formt und erhält sie auf eine gewisse Art und Weise, welche folglich auf den Eigentümlichkeiten eines Körpers beruht. Was Güter eines Körpers sind, sind Körper; also sind es auch die der Seele, denn auch diese ist ein Körper.

(5) Bonum hominis necesse est corpus sit, cum ipse sit corporalis. Mentior, nisi et quae alunt illum et quae valetudinem eius vel custodiunt vel restituunt corpora sunt; ergo et bonum eius corpus est. Non puto te dubitaturum an adfectus corpora sint (ut aliud quoque de quo non quaeris infulciam), tamquam ira, amor, tristitia, nisi dubitas an vultum nobis mutent, an frontem adstringant, an faciem diffundant, an ruborem evocent, an fugent sanguinem. Quid ergo? Tam manifestas notas corporis credis inprimi nisi a corpore?

(6) Si adfectus corpora sunt, et morbi animorum, ut avaritia, crudelitas, indurata vitia et in statum inemendabilem adducta; ergo et malitia et species eius omnes, malignitas, invidia, superbia;

(7) ergo et bona, primum quia contraria istis sunt, deinde quia eadem tibi indicia praestabunt. An non vides quantum oculis det vigorem fortitudo? Quantam intentionem prudentia? Quantam modestiam et quietem reverentia? Quantam serenitatem laetitia? Quantum rigorem severitas? Quantam remissionem lenitas? Corpora ergo sunt quae colorem habitumque corporum mutant, quae in illis regnum suum exercent. Omnes autem quas rettuli virtutes bona sunt, et quidquid ex illis est.

(5) Das Gut eines Menschen ist notwendigerweise der Körper, weil er selbst körperlich ist. Ich will ein Lügner sein, wenn nicht sowohl das, was ihn nährt, als auch das, was seine Gesundheit entweder bewahrt oder wiederherstellt, Körper sind; also ist auch dessen Gut ein Körper. Ich denke, du wirst nicht erwägen, ob Affekte auf Körpern beruhen (um auch anderes anzufügen, wonach du nicht fragst) wie Zorn, Liebe, [oder] Traurigkeit, außer du hegst Zweifel daran, ob sie unseren Gesichtsausdruck, ob sie unsere Stirn in Falten legen, ob sie unser Gesicht aufheitern, ob sie Schamesröte hervorlocken, ob sie uns erblassen lassen. Wie also? Glaubst du, dass so offensichtliche Körpermerkmale außer durch den Körper [selbst] aufgedrückt werden [könnten]?

(6) Wenn Affekte auf Körpern beruhen, tun es auch die Krankheiten der Seele wie die Habsucht, die Grausamkeit, die verhärteten und in einen unheilbaren Zustand versetzten Laster; also auch die Bosheit und all deren Erscheinungen: Missgunst, Gehässigkeit, Hochmut;

(7) also tun es auch die guten Eigenschaften, zuerst weil sie jenen entgegengesetzt sind, dann weil sie dir dieselben Merkmale aufzeigen werden. Oder siehst du nicht, welch Kraft die Tapferkeit dem Blick verleiht? Welch Aufmerksamkeit die Klugheit? Welch Besonnenheit und Ruhe die Ehrfurcht? Welch Heiterkeit die Freude? Welch Härte die Strenge? Welch Gelassenheit die Milde? Es sind also die Körper, die die Gesichtsfarbe und die Körperhaltung verändern, die in ihnen ihre Herrschaft ausübt. All die guten Eigenschaften aber, die ich angeführt habe, sind Güter und auch alles, was auf ihnen beruht.

(8) Numquid est dubium an id quo quid tangi potest corpus sit?

Tangere enim et tangi nisi corpus nulla potest res,

ut ait Lucretius. Omnia autem ista quae dixi non mutarent corpus nisi tangerent; ergo corpora sunt.

(9) Etiam nunc cui tanta vis est ut inpellat et cogat et retineat et inhibeat corpus est. Quid ergo? Non timor retinet? Non audacia inpellit? Non fortitudo inmittit et impetum dat? Non moderatio refrenat ac revocat? Non gaudium extollit? Non tristitia deducit?

(10) Denique quidquid facimus aut malitiae aut virtutis gerimus imperio: quod imperat corpori corpus est, quod vim corpori adfert, corpus. Bonum corporis corporale est, bonum hominis et corporis bonum est; itaque corporale est.

(11) Quoniam, ut voluisti, morem gessi tibi, nunc ipse dicam mihi quod dicturum esse te video: latrunculis ludimus. In supervacuis subtilitas teritur: non faciunt bonos ista sed doctos.

(8) Gibt es etwa Zweifel, ob das, wodurch berührt werden kann, der Körper ist?

Denn nichts kann berühren und nichts kann berührt werden außer ein Körper,

wie es Lukrez sagt. All das jedoch, was ich genannt habe, könnte einen Körper nur verändern, wenn er ihn berührte; also beruht es auf Körpern.

(9) So ist es nun aber auch der Körper, der so viel Kraft hat, dass er antreibt und drängt, [dass er] hemmt und zurückhält. Was also? Hält uns die Furcht nicht zurück? Treibt uns der Wagemut nicht an? Spornt uns die Tapferkeit nicht an und gibt uns Schwung? Hemmt nicht die Mäßigung und ruft [uns] zurück? Zieht uns die Traurigkeit nicht herunter?

(10) Kurz, alles, was wir tun, führen wir entweder auf Befehl der Bosheit oder der Tugend aus: was auf den Körper einwirkt, ist der Körper, was dem Körper Kraft gibt, ist der Körper. Das Gut des Körpers ist körperlich, das Gut des Menschen ist auch ein Gut des Körpers; deshalb ist es körperlich.

(11) Nachdem ich, wie du es gewünscht hast, deinem Willen nachgekommen bin, werde ich mir nun selbst sagen, was ich vorhersehe, dass du es mir sagen wirst: wir vertreiben uns die Zeit mit Spielsteinchen: an unnützen Dingen reibt sich unser Scharfsinn ab: solcherlei macht uns nicht tugendhaft, sondern gelehrt.

(12) Apertior res est sapere, immo simplicior: paucis <satis> est ad mentem bonam uti litteris, sed nos ut cetera in supervacuum diffundimus, ita philosophiam ipsam. Quemadmodum omnium rerum, sic litterarum quoque intemperantia laboramus: non vitae sed scholae discimus. Vale.

(12) Naheliegender ist es, seinen Verstand zu gebrauchen, ja sogar einfacher: sich nur weniger wissenschaftlicher Kenntnisse zu bedienen, ist ausreichend für einen gesunden Geist, aber wie wir uns sonst im Unnützen verlieren, so auch in der Philosophie. Wie in allen Dingen, so leiden wir auch in der Wissenschaft an Maßlosigkeit: nicht fürs Leben lernen wir, sondern für die gelehrte Unterhaltung. Lebe wohl.

Liber XVII et XVIII – Epistula CVII

Seneca Lucilio suo Salutem,

(1) Ubi illa prudentia tua? Ubi in dispiciendis rebus subtilitas? Ubi magnitudo? Tam pusilla <te res> tangit? Servi occupationes tuas occasionem fugae putaverunt. Si amici deciperent (habeant enim sane nomen quod illis noster error inposuit, et vocentur quo turpius non sint) * * * omnibus rebus tuis desunt illi qui et operam tuam conterebant et te aliis molestum esse credebant.

(2) Nihil horum insolitum, nihil inexpectatum est; offendi rebus istis tam ridiculum est quam queri quod spargaris <in balneo aut vexeris> in publico aut inquineris in luto. Eadem vitae condicio est quae balnei, turbae, itineris: quaedam in te mittentur, quaedam incident. Non est delicata res vivere. Longam viam ingressus es: et labaris oportet et arietes et cadas et lasseris et exclames: 'O mors!', id est mentiaris. Alio loco comitem relinques, alio efferes, alio timebis: per eiusmodi offensas emetiendum est confragosum hoc iter.

Buch 17 und 18 – Brief 107

Seneca grüßt seinen Lucilius,

(1) Wo ist deine frühere Klugheit? Wo dein Scharfsinn im Erkennen von Tatsachen? Wo deine Größe? So sehr berührt dich eine geringfügige Angelegenheit? Die Sklaven haben deine geschäftliche Inanspruchnahme als Gelegenheit zur Flucht angesehen. Wenn Freunde dich hintergangen haben (denn sie mögen durchaus den Namen behalten, den ihnen unsere Verblendung beigelegt hat, und so genannt werden, umso viel schändlicher sie es nicht sind) *** bei allen deinen Angelegenheiten fehlen sowohl jene, die deine Mühe zunichte machten, als auch glaubten, dass du anderen eine Last bist.

(2) Nichts davon ist ungewöhnlich, nichts unerwartet; von diesen Dingen gekränkt zu werden, ist ebenso lächerlich wie sich zu beschweren, dass man im Bad [mit Wasser] bespritzt oder auf offener Straße hin und her gestoßen oder im Straßendreck beschmutzt wird. Die Verhältnisse des Lebens sind die gleichen wie im Bad, in der Menschenmenge, auf der Reise: manches wird [absichtlich] auf dich geworfen, manches fällt [zufällig] auf dich herab. Zu leben, ist keine angenehme Sache. Du hast einen langen Weg beschritten: man darf straucheln, anstoßen, zu Boden fallen, ermatten und ausrufen: „Oh, der Tod [kommt]!“, das heißt, man nimmt es irrtümlich an. Bei der einen Gelegenheit wirst du einen Gefährten aufgeben, bei einer anderen zu Grabe tragen, bei wieder einer anderen zu fürchten haben: unter solchen Unerträglichkeiten muss dieser holprige Weg zurückgelegt werden.

(3) Mori vult? Praeparetur animus contra omnia; sciat se venisse ubi tonat fulmen; sciat se venisse ubi

Luctus et ultrices posuere cubilia Curae
pallentesque habitant Morbi tristisque Senectus.

In hoc contubernio vita degenda est. Effugere ista non potes, comtemnere potes; contemnes autem si saepe cogitaveris et futura praesumpseris.

(4) Nemo non fortius ad id cui se diu composuerat accessit et duris quo que, si praemeditata erant, obstitit: at contra inparatus etiam levissima expavit. Id agendum est ne quid nobis inopinatum sit; et quia omnia novitate graviora sunt, hoc cogitatio adsidua praestabit, ut nulli sis malo tiro.

(5) 'Servi me reliquerunt.' Alium compilaverunt, alium accusaverunt, alium occiderunt, alium prodiderunt, alium mulcaverunt, alium veneno, alium criminatione petierunt: quidquid dixeris multis accidit. Deinde tela quae multa et varia sunt in nos deriguntur. Quaedam in nos fixa sunt, quaedam vibrant et cum maxime veniunt, quaedam in alios perventura nos stringunt.

(3) Einer will sterben? Sein Geist möge sich auf alles vorbereiten; er sollte wissen, dass er angekommen ist, wo der Donnerkeil laut ertönt, sollte wissen, dass er angekommen ist, wo

Jammer und Gewissensbisse ihre Lager errichtet haben,
auch bleiche Krankheiten und das traurige Greisenalter wohnen.

In solcher Gesellschaft muss man sein Leben verbringen. Du kannst dem nicht entfliehen, du kannst es [nur] gleichgültig hinnehmen. Gleichgültig hinnehmen aber wirst du es, wenn du oft darüber nachdenkst und die Zukunft vorwegnimmst.

(4) Ein jeder nähert sich unerschrockener einer Sache, über die er vorher nachgedacht hat, und harten Behandlungen leistet er Widerstand, wenn er sich darauf gefasst gemacht hat: unvorbereitet hingegen erschrickt er auch vor Geringfügigem. Darauf muss man hinarbeiten, damit uns irgendetwas nicht unerwartet trifft; und weil alles, was neu ist, beschwerlicher ist, wird ständiges Sich-Vorstellen gewährleisten, dass du in keiner unheilvollen Situation als Neuling dastehst.

(5) „Die Sklaven haben mich verlassen." Einen anderen haben sie ausgeplündert, einen anderen angeklagt, einen anderen getötet, einen anderen verraten, einen anderen verprügelt, gegen einen anderen sind sie mit Gift, gegen wieder einen anderen mit einer falschen Anschuldigung vorgegangen. Alles, was du erwähnen magst, ist vielen geschehen. Es werden weiterhin Geschosse auf uns gerichtet, die zahlreich und launenhaft sind. Manche haben uns getroffen, manche schwirren umher und kommen oft erst noch, manche streifen uns, obgleich sie zu anderen gelangen wollten.

(6) Nihil miremur eorum ad quae nati sumus, quae ideo nulli querenda quia paria sunt omnibus. Ita dico, paria sunt; nam etiam quod effugit aliquis pati potuit. Aequum autem ius est non quo omnes usi sunt sed quod omnibus latum est. Imperetur aequitas animo et sine querella mortalitatis tributa pendamus.

(7) Hiems frigora adducit: algendum est. Aestas calores refert: aestuandum est. Intemperies caeli valetudinem temptat: aegrotandum est. Et fera nobis aliquo loco occurret et homo perniciosior feris omnibus. Aliud aqua, aliud ignis eripiet. Hanc rerum condicionem mutare non possumus: illud possumus, magnum sumere animum et viro bono dignum, quo fortiter fortuita patiamur et naturae consentiamus.

(8) Natura autem hoc quod vides regnum mutationibus temperat: nubilo serena succedunt; turbantur maria cum quieverunt; flant in vicem venti; noctem dies sequitu; pars caeli consurgit, pars mergitur: contrariis rerum aeternitas constat.

(9) Ad hanc legem animus noster aptandus est; hanc sequatur, huic pareat; et quaecumque fiunt debuisse fieri putet nec velit obiurgare naturam. Optimum est pati quod emendare non possis, et deum quo auctore cuncta proveniunt sine murmuratione comitari: malus miles est qui imperatorem gemens sequitur.

(6) Über nichts von dem, für das wir geboren sind, sollten wir uns wundern; worüber sich deshalb keiner beklagen darf, weil es gleicherweise für alle gilt. Richtig, ich sage: „Es gilt gleicherweise"; denn [das Unheil], dem einer entgangen ist, hätte er auch erleiden können. Gleiches Recht ist jedoch nicht das, woran sich alle erfreut haben, sondern das, was von allen ertragen wurde. Gleichmut sollte dem Geist verordnet werden und ohne Klagen sollten wir der Sterblichkeit unseren Tribut entrichten.

(7) Der Winter bringt die Kälte: man muss frieren. Der Sommer bringt die Wärme zurück: man muss schwitzen. Eine wechselnde Witterung greift die Gesundheit an: man muss leiden. Auch wird uns irgendwo ein wildes Tier angreifen und, gefährlicher als alle wilden Tiere, ein Mensch. Einiges wird das Wasser rauben, anderes das Feuer. Dieses Los der Natur können wir nicht wandeln, [aber] wir können Folgendes [tun]: uns einen edlen und für einen Mann von Ehre angemessenen Charakter aneignen, dank dem wir schicksalhafte Ereignisse tapfer erdulden und mit der Welt im Einklang stehen können.

(8) Diese Herrschaft, die du wahrnimmst, mäßigt die Natur jedoch durch Veränderungen: dem trüben Wetter folgt ein heiterer Himmel nach; die Meere werden wieder aufgewühlt, nachdem sie zur Ruhe gekommen waren; wechselhafte Winde wehen; auf die Nacht folgt der Tag; ein Teil des Himmelsgewölbes steigt empor, ein Teil versinkt: auf Gegensätzen beruht die Unvergänglichkeit der Welt.

(9) Nach diesem Gesetz muss sich unser Geist richten, ihm folge er, ihm gehorche er; und er sollte verstehen, dass alles, was geschieht, geschehen musste, und nicht der Natur Vorwürfe machen wollen. Am besten ist es, zu erdulden, was du nicht heilen kannst, und sich ohne Murren dem Gott anzuschließen, auf dessen Veranlassung hin alles hervorgeht: es ist ein schlechter Soldat, der seinem Befehlshaber [nur] stöhnend folgt.

(10) Quare inpigri atque alacres excipiamus imperia nec deseramus hunc operis pulcherrimi cursum, cui quidquid patiemur intextum est; et sic adloquamur Iovem, cuius gubernaculo moles ista derigitur, quemadmodum Cleanthes noster versibus disertissimis adloquitur, quos mihi in nostrum sermonem mutare permittitur Ciceronis, disertissimi viri, exemplo. Si placuerint, boni consules; si displicuerint, scies me in hoc secutum Ciceronis exemplum.

(11) *Duc, o parens celsique dominator poli,*
quocumque placuit: nulla parendi mora est;
adsum inpiger. Fac nolle, comitabor gemens
malusque patiar facere quod licuit bono.
Ducunt volentem fata, nolentem trahunt.

(12) Sic vivamus, sic loquamur; paratos nos inveniat atque inpigros fatum. Hic est magnus animus qui se ei tradidit: at contra ille pusillus et degenerqui obluctatur et de ordine mundi male existimat et emendare mavult deos quam se. Vale.

(10) Lasst uns unverdrossen und freudig Befehle empfangen und die Bahn dieses so vortrefflichen Werkes nicht verlassen, in der alles, was wir erdulden werden, eingewoben ist; und wir sollten Jupiter, durch dessen Leitung dieser Riesenbau seine Richtung nimmt, auf eine Weise ansprechen, wie ihn unser Kleanthes in sehr ausdrucksvollen Versen anspricht, die ich mir erlaube, nach dem Vorbild Ciceros, des so außerordentlich beredten Mannes, in unsere Redeweise abzuändern. Wenn sie dir gefallen, wirst du sie gut aufnehmen; wenn sie dir missfallen, weißt du, dass ich hierbei dem Vorbild Ciceros gefolgt bin.

(11) *Führe mich, o Vater und erhabener Herrscher des Himmels,*
wohin auch immer es dir gefällt: ohne Verzug ist zu gehorchen;
unverdrossen steh ich dir zur Seite.
Gesetzt den Fall, dass ich nicht will, werd ich seufzend dich begleiten
und übel gesinnt zu tun ertragen, was dem Wohlgesinnten frei stand.
Die Beschlüsse der Götter führen den Willigen,
den Unwilligen schleifen sie hinter sich her.

(12) So sollten wir leben, so sollten wir sprechen; bereitwillig und unverdrossen lass das Schicksal uns antreffen. Wer sich ihm anvertraut hat, der besitzt eine edle Gesinnung: doch jener kleinliche und unwürdige [Geist] stemmt sich dagegen, [und] urteilt schlecht über den Zustand der Welt und will lieber die Götter bessern als sich selbst. Lebe wohl.

Liber XVII et XVIII – Epistula CVIII

Seneca Lucilio suo Salutem,

(1) Id de quo quaeris ex iis est quae scire tantum eo, ut scias, pertinet. Sed nihilominus, quia pertinet, properas nec vis expectare libros quos cum maxime ordino continentis totam moralem philosophiae partem. Statim expediam; illud tamen prius scribam, quemadmodum tibi ista cupiditas discendi, qua flagrare te video, digerenda sit, ne ipsa se inpediat.

(2) Nec passim carpenda sunt nec avide invadenda universa: per partes pervenietur ad totum. Aptari onus viribus debet nec plus occupari quam cui sufficere possimus. Non quantum vis sed quantum capis hauriendum est. Bonum tantum habe animum: capies quantum voles. Quo plus recipit animus, hoc se magis laxat.

(3) Haec nobis praecipere Attalum memini, cum scholam eius obsideremus et primi veniremus et novissimi exiremus, ambulantem quoque illum ad aliquas disputationes evocaremus, non tantum paratum discentibus sed obvium. 'Idem', inquit, 'et docenti et discenti debet esse propositum, ut ille prodesse velit, hic proficere.'

Buch 17 und 18 – Brief 108

Seneca grüßt seinen Lucilius,

(1) Das, wonach du fragst, gehört zu denjenigen Dingen, die es nur zu dem Zweck zu wissen gilt, dass man sie weiß. Aber, weil es von Interesse ist, betreibst du (das Thema) eifrigst und willst die Bücher nicht abwarten, die ich eben jetzt verfasse und die den kompletten Teil der Moralphilosophie enthalten. Ich werde es sogleich erläutern; doch will ich zunächst darstellen, auf welche Weise dir diese Begeisterung zu lernen, von der ich sehe, dass sie in dir entflammt ist, einzuteilen ist, damit sie sich nicht selbst hinderlich ist.

(2) Man darf sich weder planlos etwas heraussuchen noch gierig alles an sich reißen: über die Teile wird man zum Ganzen gelangen. Man muss eine schwere Aufgabe an seine Kräfte anpassen und darf nicht mehr in Angriff nehmen, als wir imstande sind auszuhalten. Nicht so viel du willst, sondern so viel du fassen kannst, musst du schöpfen. (Aber) hab nur guten Mut: du wirst fassen, so viel du willst. Je mehr der Geist aufnimmt, desto weiter dehnt er sich aus.

(3) Ich erinnere mich, dass Attalus uns dieses gelehrt hat, als wir in seiner Vorlesung saßen und als erste kamen und als letzte gingen, als wir ihn, der den Lernenden gegenüber nicht nur gut vorbereitet, sondern gefällig war, auch beim Spazierengehen zu diesen und jenen Abhandlungen verleiten konnten. „Sowohl der Lehrende als auch der Lernende", sagt er, „müssen dasselbe Ziel verfolgen, so dass ersterer Wert darauf legt zu helfen, letzterer, Fortschritte zu machen."

(4) Qui ad philosophum venit cotidie aliquid secum boni ferat: aut sanior domum redeat aut sanabilior. Redibit autem: ea philosophiae vis est ut non studentis sed etiam conversantis iuvet. Qui in solem venit, licet non in hoc venerit, colorabitur; qui in unguentaria taberna resederunt et paullo diutius commorati sunt odorem secum loci ferunt; et qui ad philosophum fuerunt traxerint aliquid necesse est quod prodesset etiam neglegentibus. Attende quid dicam: neglegentibus, non repugnantibus.

(5) 'Quid ergo? Non novimus quosdam qui multis apud philosophum annis persederint et ne colorem quidem duxerint?' Quidni noverim? Pertinacissimos quidem et adsiduos, quos ego non discipulos philosophorum sed inquilinos voco.

(6) Quidam veniunt ut audiant, non ut discant, sicut in theatrum voluptatis causa ad delectandas aures oratione vel voce vel fabulis ducimur. Magnam hanc auditorum partem videbis cui philosophi schola deversorium otii sit. Non id agunt ut aliqua illo vitia deponant, ut aliquam legem vitae accipiant qua mores suos exigant, sed ut oblectamento aurium perfruantur. Aliqui tamen et cum pugillaribus veniunt, non ut res excipiant, sed ut verba, quae tam sine profectu alieno dicant quam sine suo audiunt.

(4) Wer sich der Philosophie nähert, kann Tag für Tag etwas Gutes für sich mitnehmen: er soll entweder geheilter nach Hause zurückkehren oder heilbarer. Jedenfalls wird ihm etwas zufallen: darin liegt die Stärke der Philosophie, dass sie nicht nur diejenigen unterstützt, die danach streben, sondern auch diejenigen, die (nur) Umgang mit ihr haben. Wer ins Sonnenlicht tritt, mag er auch deswegen nicht hineingetreten sein, wird Farbe bekommen; diejenigen, die in einem Salbenladen Platz genommen und (dort) ein wenig länger verweilt haben, tragen den Geruch des Ortes mit sich fort; und diejenigen, die bei einem Philosophen waren, werden sich notwendigerweise etwas angeeignet haben, weshalb es auch denen nützt, die sich nichts daraus machen. Beachte, was ich sage: denen, die sich nichts daraus machen, nicht denen, die sich widersetzen.

(5) „Was nun also? Haben wir nicht einige gekannt, die viele Jahre ohne Unterlass bei einem Philosophen saßen und nicht einmal Farbe bekommen haben?" Wie könnte ich sie nicht kennen? Es sind nämlich die sehr Ausdauernden und Beharrlichen, die ich nicht die Schüler der Philosophen nenne, sondern deren Mitbewohner.

(6) Einige kommen, um zu hören, nicht um zu studieren; so wie wir uns des Vergnügens wegen ins Theater locken lassen, um unsere Ohren mit einer Rede oder einer Stimme oder mit Geschichten zu erfreuen. Du wirst diesen großen Teil der Zuhörerschaft ausmachen, dem die Lehrstätte des Philosophen als Schlupfwinkel für ihren Müßiggang dient. Sie haben nicht beabsichtigt, dadurch irgendwelche Fehler abzulegen, irgendeine Lebensregel zu erlernen, anhand der sie ihren Lebenswandel überdenken könnten, sondern sich an dem Ohrenschmaus zu erquicken. Immerhin kommen auch andere mit ihren Schreibtäfelchen – nicht um den Unterrichtsgegenstand, sondern um die Worte aufzuzeichnen, die sie einem anderen ebenso ohne Gewinn zueignen, wie sie sie ohne eigenen [Gewinn] vernehmen.

(7) Quidam ad magnificas voces excitantur et transeunt in adfectum dicentium alacres vultu et animo, nec aliter concitantur quam solent Phrygii tibicinis sono semiviri et ex imperio furentes. Rapit illos instigatque rerum pulchritudo, non verborum inanium sonitus. Si quid acriter contra mortem dictum est, si quid contra fortunam contumaciter, iuvat protinus quae audias facere. Adficiuntur illis et sunt quales iubentur, si illa animo forma permaneat, si non impetum insignem protinus populus, honesti dissuasor, excipiat: pauci illam quam conceperant mentem domum perferre potuerunt.

(8) Facile est auditorem concitare ad cupidinem recti; omnibus enim natura fundamenta dedit semenque virtutum. Omnes ad omnia ista nati sumus: cum inritator accessit, tunc illa animi bona veluti sopita excitantur. Non vides quemadmodum theatra consonent quotiens aliqua dicta sunt quae publice adgnoscimus et consensu vera esse testamur?

(9) *Desunt inopiae multa, avaritiae omnia.*
In nullum avarus bonus est, in se pessimus.

Ad hos versus ille sordidissimus plaudit et vitiis suis fieri convicium gaudet: quanto magis hoc iudicas evenire cum a philosopho ista dicuntur, cum salutaribus praeceptis versus inseruntur, efficacius eadem illa demissuri in animum inperitorum?

(7) Einige werden von großartigen Reden angefeuert und versetzen sich in die Stimmung des Vortragenden, lebhaft in Miene und Geist, und sie werden nicht anders angeregt wie die phrygischen Eunuchen, die gewohnt sind, beim Klang einer Flöte und auf Befehl in Raserei zu geraten. Die Schönheit einer Sache selbst reißt sie mit sich und spornt sie an, nicht das Tönen seelenloser Worte. Wenn mutig etwas gegen den Tod, wenn unbeugsam etwas gegen das Schicksal gesprochen wurde, macht es Freude, das, was man hört, auszuführen. Sie werden davon erfüllt und verhalten sich wie geheißen, wenn der Geist nur an jenem Ideal festhalten könnte, wenn nicht die Menge, Widersacher der Tugend, den außerordentlichen Schwung sofort abfangen würde: wenige waren in der Lage, jene geistige Haltung, die sie empfangen haben, [mit sich] nach Hause zu tragen.

(8) Es ist leicht, einen Zuhörer zum Begehr des sittlich Guten anzuregen; die Natur hat nämlich allen die Grundlagen und den Samen der Tugendhaftigkeit überreicht. Zu all diesem sind wir alle geboren: wenn uns einer dazu anreizt, dann werden diese, gleichsam schlummernden Güter des Geistes aufgeweckt. Nimmst du nicht wahr, wie die Theater widerhallen, immer wenn etwas vorgetragen wurde, das wir allgemein anerkennen und das wir in einhelligem Urteil bekunden, wahr zu sein?

(9) *Der Armut mangelt es an vielem, der Habgier an allem.*
Zu keinem ist ein Geizhals gut, zu sich selbst am schlechtesten.

Bei diesen Versen klatscht der so geizige Mensch Beifall und er freut sich darüber, dass er für seine Verfehlungen getadelt wird: um wie viel mehr glaubst du, dass dies geschieht, wenn solcherlei von einem Philosophen ausgesprochen wird, wenn in den Versen heilsame Weisungen eingeflochten werden, um sie auf eben diesem Wege wirksamer in den Geist der Unerfahrenen einzuprägen.

(10) Nam ut dicebat Cleanthes: 'Quemadmodum spiritus noster clariorem sonum reddit cum illum tuba per longi canalis angustias tractum patentiore novissime exitu effudit, sic sensus nostros clariores carminis arta necessitas efficit.' Eadem neglegentius audiuntur minusque percutiunt quamdiu soluta oratione dicuntur: ubi accessere numeri et egregium sensum adstrinxere certi pedes, eadem illa sententia velut lacerto excussiore torquetur.

(11) De contemptu pecuniae multa dicuntur et longissimis orationibus hoc praecipitur, ut homines in animo, non in patrimonio putent esse divitias, eum esse locupletem qui paupertati suae aptatus est et parvo se divitem fecit; magis tamen feriuntur animi cum carmina eiusmodi dicta sunt:

Is minimo eget mortalis qui minimum cupit.

Quod vult habet qui velle quod satis est potest.

(10) Denn, wie es Kleanthes sagte: „So wie unser Atem einen klareren Ton von sich gibt, wenn ihn die Tuba, durch die Enge eines langen Kanals geleitet, zuletzt durch das sich öffnende Ende herausströmen lässt, so bringt die Notwendigkeit geschlossener Verse unsere Gedanken klarer hervor." Ein und dasselbe wird achtloser gehört und beeindruckt weniger, solange es in Prosa vorgetragen wird: immer wenn ein rhythmischer Tonfall hinzukommt und festgesetzte Versmaße einen ungewöhnlichen Gedanken straffend zusammenfassen, wird eben derselbe Inhalt gleichsam wie mit weit ausgeholtem Arm herausgeschleudert.

(11) Über die Geringschätzung des Geldes wird viel gesprochen und in sehr langen Vorträgen wird gelehrt, dass die Menschen denken sollen, ihr Reichtum liege im Geiste, nicht im Vermögen, es sei derjenige begütert, der sich seiner Armut gefügt und mit wenigem sich reich gemacht hat; trotzdem berührt es die Gemüter mehr, wenn solches in Versen vorgetragen wird:

Derjenige Sterbliche entbehrt am wenigsten, der das Wenigste begehrt.

Es besitzt, was er sich wünscht, der in der Lage ist, zu wünschen,
was genügend ist.

(12) Cum haec atque eiusmodi audimus, ad confessionem veritatis adducimur; illi enim quibus nihil satis est admirantur, adclamant, odium pecuniae indicunt. Hunc illorum adfectum cum videris, urge, hoc preme, hoc onera, relictis ambiguitatibus et syllogismis et cavillationibus et ceteris acuminis inriti ludicris. Dic in avaritiam, dic in luxuriam; cum profecisse te videris et animos audientium adfeceris, insta vehementius: veri simile non est quantum proficiat talis oratio remedio intenta et tota in bonum audientium versa. Facillime enim tenera conciliantur ingenia ad honesti rectique amorem, et adhuc docilibus leviterque corruptis inicit manum veritas si advocatum idoneum nacta est.

(13) Ego certe cum Attalum audirem in vitia, in errores, in mala vitae perorantem, saepe miseritus sum generis humani et illum sublimem altioremque humano fastigio credidi. Ipse regem se esse dicebat, sed plus quam regnare mihi videbatur cui liceret censuram agere regnantium.

(14) Cum vero commendare paupertatem coeperat et ostendere quam quidquid usum excederet pondus esset supervacuum et grave ferenti, saepe exire e schola pauperi libuit. Cum coeperat voluptates nostras traducere, laudare castum corpus, sobriam mensam, puram mentem non tantum ab inlicitis voluptatibus sed etiam supervacuis, libebat circumscribere gulam ac ventrem.

(12) Wenn wir dieses und dergleichen hören, werden wir dazu bewegt, uns zur Wahrheit zu bekennen. Jene nämlich, denen nichts genügt, bewundern es, bejubeln es, offenbaren ihren Hass auf das Geld. Wenn du eine solche Stimmung bei ihnen wahrnimmst, lass sie sich senken, verstärke sie, und gib dabei die Zweideutigkeiten, [und] die Syllogismen, [und] die Spitzfindigkeiten und die übrigen Spielereien eines nutzlosen Scharfsinns auf. Sprich gegen die Habsucht, sprich gegen die Verschwendungssucht; wenn du bemerkst, dass du etwas ausrichtest und Eindruck auf die Gemüter der Zuhörer gemacht hast, setze noch energischer nach: man macht sich keine Vorstellung, wie viel eine solche Rede bewirken kann, wenn sie als Heilmittel beabsichtigt und auf den Nutzen der Zuhörer gerichtet ist. Empfindsame Geister werden nämlich sehr leicht für die Liebe zur Tugend und zum sittlich Guten gewonnen, und noch immer legt die Wahrheit gelehrigen und nur wenig verdorbenen Menschen ihre Hand auf, wenn sie einen geeigneten Fürsprecher gefunden hat.

(13) Ich hatte, sooft ich Attalus zuhörte, wenn er eine Rede hielt über Verfehlungen, über Irrungen, über die Unglücke des Lebens, in der Tat oft Mitleid mit der Menschheit und hielt ihn für erhaben und hoch über dem Gipfel der Menschheit emporragend. Er sei sich selbst ein König, sagte er, aber einer, der es sich erlauben konnte, Kritik an den Herrschenden zu betreiben, schien mir mehr als zu herrschen.

(14) Wenn er gar begonnen hat, die Armut zu empfehlen und darzulegen, dass alles, was über die Notwendigkeit hinausgeht, eine überflüssige Last und zudem schwer zu tragen ist, verlangte es uns oft, die Unterrichtsstunde in Armut zu verlassen. Wenn er begonnen hat, unsere Vergnügungen zu verhöhnen, einen keuschen Leib, ein nüchternes Mahl, einen nicht nur von unerlaubten, sondern auch von überflüssigen Leidenschaften reinen Geist zu loben, verlangte es uns, Gaumen und Magen im Zaum zu halten.

(15) Inde mihi quaedam permansere, Lucili; magno enim in omnia impetu veneram, deinde ad civitatis vitam reductus ex bene coeptis pauca servavi. Inde ostreis boletisque in omnem vitam renuntiatum est; nec enim cibi sed oblectamenta sunt ad edendum saturos cogentia (quod gratissimum est edacibus et se ultra quam capiunt farcientibus), facile descensura, facile reditura.

(16) Inde in omnem vitam unguento abstinemus, quoniam optimus odor in corpore est nullus. Inde vino carens stomachus. Inde in omnem vitam balneum fugimus; decoquere corpus atque exinanire sudoribus inutile simul delicatumque credidimus. Cetera proiecta redierunt, ita tamen ut quorum abstinentiam interrupi modum servem et quidem abstinentiae proximiorem, nescio an difficiliorem, quoniam quaedam absciduntur facilius animo quam temperantur.

(17) Quoniam coepi tibi exponere quanto maiore impetu ad philosophiam iuvenis accesserim quam senex pergam, non pudebit fateri quem mihi amorem Pythagoras iniecerit Sotion. Dicebat quare ille animalibus abstinuisset, quare postea Sextius. Dissimilis utrique causa erat, sed utrique magnifica.

(15) Davon ist mir manches verblieben, Lucilius; denn ich bin mit großer Begeisterung an all das herangetreten; nach der Rückkehr ins öffentliche Leben habe ich dann wenig von dem, was sich [so] gut anließ, beibehalten. Von da an wurde fürs ganze Leben auf Muscheln und Pilze verzichtet; sie sind nämlich kein Nahrungs-, sondern Genussmittel, die gesättigte Menschen zum Essen nötigen (was für die Gefräßigen und diejenigen, die mehr in sich hineinstopfen, als sie aufnehmen können, sehr willkommen ist), die leicht hinabgleiten, die leicht wieder hochkommen werden.

(16) Seitdem verzichten wir fürs ganze Leben auf Salböl, weil ja der beste Geruch für den Körper kein [Geruch] ist. Seitdem verzichtet unser Magen auf den Wein. Seitdem meiden wir fürs ganze Leben eine öffentliche Badeanstalt; den Körper stark zu erhitzen und durch Ausschwitzen zu erschöpfen, hielten wir für unnütz und zu gleich für verweichlichend. Das Übrige, was verschmäht wurde, ist zurückgekehrt, doch auf eine Weise, dass ich dort, wo ich die Enthaltsamkeit aufgegeben habe, Maß halte, und zwar eines der Enthaltsamkeit sehr nahes, vermutlich schwierigeres, da doch manches dem Geist leichter [ganz] entzogen wird, als es sich mäßigen lässt.

(17) Nachdem ich nun begonnen habe, dir vor Augen zu führen, mit wie viel größerem Schwung ich mich als junger Mann der Philosophie gewidmet habe, als ich sie als alter Mann weiter verfolge, werde ich mich nicht schämen einzugestehen, welche Liebe zu Pythagoras Soton in mir hervorrief. Er erklärte, warum jener sich tierischer Speisen enthielt, warum später [auch] Sextius. Der Grund war bei beiden verschieden, aber bei beiden großartig.

(18) Hic homini satis alimentorum citra sanguinem esse credebat et crudelitatis consuetudinem fieri ubi in voluptatem esset adducta laceratio. Adiciebat contrahendam materiam esse luxuriae; colligebat bonae valetudini contraria esse alimenta varia et nostris aliena corporibus.

(19) At Pythagoras omnium inter omnia cognationem esse dicebat et animorum commercium in alias atque alias formas transeuntium. Nulla, si illi credas, anima interit, ne cessat quidem nisi tempore exiguo, dum in aliud corpus transfunditur. Videbimus per quas temporum vices et quando pererratis pluribus domiciliis in hominem revertatur: interim sceleris hominibus ac parricidii metum fecit, cum possent in parentis animam inscii incurrere et ferro morsuve violare, si in quo<corpore> cognatus aliqui spiritus hospitaretur.

(20) Haec cum exposuisset Sotion et implesset argumentis suis: 'Non credis', inquit, 'animas in alia corpora atque alia discribi et migrationem esse quod dicimus mortem? Non credis in his pecudibus ferisve aut aqua mersis illum quondam hominis animum morari? Non credis nihil perire in hoc mundo, sed mutare regionem? Nec tantum caelestia per certos circuitus verti, sed animalia quoque per vices ire et animos per orbem agi? Magni ista crediderunt viri.

(18) Letzterer war der Überzeugung, dass der Mensch [auch] ohne Blutvergießen genügend Nahrungsmittel besitzt und ein vertrauter Umgang mit der Grausamkeit hervorgerufen wird, wenn das damit einhergehende Zerfleischen zum Vergnügen geworden ist. Er fügte hinzu, dass man die Genussmittel beschränken muss; er folgerte, dass verschiedenartige und unseren Körpern fremde Nahrungsmittel einer guten Gesundheit entgegenstehen.

(19) Pythagoras hat hingegen vorgebracht, dass alles mit allem verwandt ist und ein Austausch der Seelen stattfindet, welche bald diesen, bald jenen Körper durchwandern. Wenn man ihm glaubt, geht die Seele nicht verloren und sie liegt nicht brach, außer in der kurzen Zeit, während sie in einen anderen Körper übertragen wird. Wir werden sehen, durch welche Wechsel der Zeiten hindurch und wann sie nach dem Durchstreifen vieler Wohnstätten in einen Menschen zurückkehren kann: unterdessen flößt sie bei den Menschen Angst vor Verbrechen und Mord ein, weil sie ahnungslos auf die Seele eines Ahnherrns stoßen und sie durch Messer oder Biss verletzen könnten, wenn sich in irgendeinem Körper eine verwandte Seele befinden würde.

(20) Nachdem Soton dies vorgetragen und durch eigene Argumente ergänzt hatte, sagte er: „Glaubst du nicht, dass die Seelen bald in diese, bald in jene Körper verteilt werden und dass ein Umzug ist, was wir den Tod nennen? Glaubst du nicht, dass im Vieh und in den wilden oder den im Wasser lebenden Tieren zuweilen die frühere Seele eines Menschen verweilt? Glaubst du nicht, dass nichts in dieser Welt verloren geht, sondern [nur] das Wohnviertel wechselt? Und dass sich nicht nur die Himmelskörper auf fest bestimmten Bahnen befinden, sondern auch die Lebewesen Wechselseitigkeiten durchlaufen und ihre Seelen sich auf einer Kreisbahn bewegen? Bedeutende Männer haben es [jedenfalls] geglaubt.

(21) Itaque iudicium quidem tuum sustine, ceterum omnia tibi in integro serva. Si vera sunt ista, abstinuisse animalibus innocentia est; si falsa, frugalitas est. Quod istic credulitatis tuae damnum est? Alimenta tibi leonum et vulturum eripio.'

(22) His ego instinctus abstinere animalibus coepi, et anno peracto non tantum facilis erat mihi consuetudo sed dulcis. Agitatiorem mihi animum esse credebam nec tibi hodie adfirmaverim an fuerit. Quaeris quomodo desierim? In primum Tiberii Caesaris principatum iuventae tempus inciderat: alienigena tum sacra movebantur et inter argumenta superstitionis ponebatur quorundam animalium abstinentia. Patre itaque meo rogante, qui non calumniam timebat sed philosophiam oderat, ad pristinam consuetudinem redii; nec difficulter mihi ut inciperem melius cenare persuasit.

(23) Laudare solebat Attalus culcitam quae resisteret corpori: tali utor etiam senex, in qua vestigium apparere non possit.

Haec rettuli ut probarem tibi quam vehementes haberent tirunculi impetus primos ad optima quaeque, si quis exhortaretur illos, si quis inpelleret. Sed aliquid praecipientium vitio peccatur, qui nos docent disputare, non vivere, aliquid discentium, qui propositum adferunt ad praeceptores suos non animum excolendi sed ingenium. Itaque quae philosophia fuit facta philologia est.

(21) Deshalb verschiebe wenigstens dein Urteil, [und] bewahre dir außerdem deine Unparteilichkeit. Wenn diese Dinge zutreffend sind, ist es rechtschaffen, auf Tierisches zu verzichten; wenn es falsch ist, gilt es als Genügsamkeit. Welchen Nachteil hat hier deine Bereitschaft, mir zu glauben? Ich entreiße dir die Nahrung der Löwen und Geier."

(22) Dadurch angefeuert, habe ich begonnen auf Tierisches zu verzichten, und nachdem ein Jahr vergangen war, fiel mir die [neue] Lebensweise nicht nur leicht, sondern sie war angenehm. Ich glaubte, mein Geist sei lebhafter, könnte dir aber heute nicht bestätigen, ob es tatsächlich so war. Du fragst, wie ich davon abgelassen habe? Die Zeit meiner Jugend fiel in die erste Regierungs[zeit] des Kaisers Tiberius: fremde Kulthandlungen wurden damals verbannt und den Verzicht auf manche Tiere hielt man für Beweise des Aberglaubens. Auf Bitten meines Vaters, der keine verleumderische Anklage fürchtete, sondern die Philosophie hasste, kehrte ich deshalb zu meiner vorherigen Lebensweise zurück; und er überzeugte mich nur unschwer, so dass ich wieder anfing, allzu gut zu speisen.

(23) Attalus pflegte eine Matratze gutzuheißen, die dem Körper Widerstand entgegenbringt: eine solche, in der sich kein Abdruck zeigen kann, verwende ich auch im Alter.

Ich habe daran erinnert, um dir glaubhaft zu machen, welche leidenschaftliche erste Begeisterung junge Schüler für jedes der höchsten Ziele zeigen, wenn irgendjemand sie ermutigt, wenn irgendjemand sie anstößt. Aber schwere Fehler werden durch das Verschulden der Lehrer begangen, die uns beibringen zu disputieren, nicht zu leben, schwere der Schüler, die mit dem Vorsatz zu ihren Lehrern kommen, nicht ihre Seele, sondern ihren Scharfsinn zu vervollkommnen. Und so wurde aus dem, was Philosophie war, eine Beschäftigung mit der Literatur gemacht.

(24) Multum autem ad rem pertinet quo proposito ad quamquam rem accedas. Qui grammaticus futurus Vergilium scrutatur non hoc animo legit illud egregium

fugit inreparabile tempus:

'vigilandum est; nisi properamus relinquemur; agit nos agiturque velox dies; inscii rapimur; omnia in futurum disponimus et inter praecipitia lenti sumus': sed ut observet, quotiens Vergilius de celeritate temporum dicit, hoc uti verbo illum 'fugit'.

Optima quaeque dies miseris mortalibus aevi
prima fugit; subeunt morbi tristisque senectus
et labor, et durae rapit inclementia mortis.

(25) Ille qui ad philosophiam spectat haec eadem quo debet adducit. 'Numquam Vergilius', inquit, 'dies dicit ire, sed fugere, quod currendi genus concitatissimum est, et optimos quosque primos rapi: quid ergo cessamus nos ipsi concitare, ut velocitatem rapidissimae rei possimus aequare? Meliora praetervolant, deteriora succedunt.'

(24) Es macht aber viel aus, mit welcher Zielsetzung man an eine Sache herangeht. Wer als künftiger Grammatiker Vergil erforschen wird, liest jenes Herausragende

Es flieht der unwiederbringliche Augenblick

nicht in dem Sinne: „Man muss wachsam sein; wenn wir uns nicht eilen, werden wir zurückbleiben; es treibt uns der dahineilende Tag und [auch] er wird getrieben; unversehens werden wir fortgerissen; wir richten alles für die Zukunft ein und sind säumig inmitten von Gefahren"; sondern um darauf zu lauern, wie oft Vergil vom raschen Vorübergehen der Zeiten spricht, wie oft er sich des Wortes ‚fugit' bedient.

Gerade die besten Tage des Lebens
entfliehen den elenden Sterblichen zuerst;
Krankheiten folgen nach und ein freudloses Alter,
auch Mühsal,
und die grausame Strenge des Todes reißt sie mit sich fort.

(25) Einen, der zur Philosophie strebt, führt dies eben dahin, wo es soll. Er wird anführen: „Niemals sagt Vergil, dass der Tag geht, sondern dass er flieht, weil es die rascheste Art und Weise des Dahineilens ist, und dass gerade die besten [Tage] zuerst entrissen werden: warum zögern wir also, uns selbst anzutreiben, damit wir der Geschwindigkeit der so reißend schnellen Ereignisse gleichkommen können? Die heiteren [Tage] fliegen vorüber, die weniger guten treten an ihre Stelle."

(26) Quemadmodum ex amphora primum quod est sincerissimum effluit, gravissimum quodque turbidumque subsidit, sic in aetate nostra quod est optimum in primo est. Id exhauriri [in] aliis potius patimur, ut nobis faecem reservemus? Inhaereat istud animo et tamquam missum oraculo placeat:

optima quaeque dies miseris mortalibus aevi prima fugit.

(27) Quare optima? Quia quod restat incertum est. Quare optima? Quia iuvenes possumus discere, possumus facilem animum et adhuc tractabilem ad meliora convertere; quia hoc tempus idoneum est laboribus, idoneum agitandis perstudia ingeniis [est] et exercendis per opera corporibus: quod superest segnius et languidius est et propius a fine. Itaque toto hoc agamus animo et omissis ad quae devertimur in rem unam laboremus, ne hanc temporis pernicissimi celeritatem, quam retinere non possumus, relicti demum intellegamus. Primus quisque tamquam optimus dies placeat et redigatur in nostrum.

(28) Quod fugit occupandum est. Haec non cogitat ille qui grammatici oculis carmen istud legit, ideo optimum quemque primum esse diem quia subeunt morbi, quia senectus premit et adhuc adulescentiam cogitantibus supra caput est, sed ait Vergilium semper una ponere morbos et senectutem – non mehercules inmerito; senectus enim insanabilis morbus est.

(26) Wie aus einem Krug zuerst herausfließt, was am reinsten ist, und gerade das Schwerste und Trübe sich [am Boden] absetzt, so steht das, was am besten ist, am Anfang unseres Lebens. Lassen wir zu, dass es vornehmlich von anderen ausgeschöpft wird, um für uns [nur] den Bodensatz zu behalten? Folgendes sollte im Bewusstsein haften bleiben und Gefallen finden, als sei es von einem Orakel ausgestoßen:

Gerade die besten Tage des Lebens
entfliehen den elenden Sterblichen zuerst.

(27) Warum die besten [Tage]? Weil das, was übrig bleibt, ungewiss ist. Warum die besten [Tage]? Weil wir als junge Menschen imstande sind zu lernen, weil wir imstande sind, unseren gewandten und noch immer empfänglichen Geist zum Besseren zu wenden; weil diese Zeit geeignet ist für Unternehmungen, geeignet ist, durch Studien die geistigen Fähigkeiten zur Vollendung zu führen und durch Anstrengungen die Körper auszubilden. Weil das, was übrig bleibt, träger, [und] schwächer und fast am Ende ist. Wir sollten deshalb mit ganzem Herzen danach streben und, beiseitelassend, was uns davon ablenkt, auf diese einzige Sache hinarbeiten, um diese Geschwindigkeit der dahineilenden Zeit, die wir nicht festhalten können, nicht erst nach ihrem Zurückbleiben zu verstehen. Gerade die erste Zeit sollte gleichsam als die beste Gefallen finden und zu dem Unsrigen gemacht werden.

(28) Was entfliehen will, muss an sich gerissen werden. Darüber denkt nicht nach, wer dieses Gedicht mit den Augen eines Grammatikers durchliest: dass [nämlich] die erste Zeit gerade deshalb am besten ist, weil Krankheiten unmittelbar nachfolgen, weil das Alter uns zusetzt und uns drohend im Nacken sitzt, während wir noch über die Jugend nachdenken, sondern er versichert, dass Vergil Krankheiten und das Alter immer gemeinsam anführt – mit Recht, bei Herkules; das Alter ist fürwahr eine unheilbare Krankheit.

(29) 'Praeterea', inquit, 'hoc senectuti cognomen inposuit, "tristem" illam vocat:

subeunt morbi tristisque senectus.

Alio loco dicit

pallentesque habitant Morbi tristisque Senectus.'

Non est quod mireris ex eadem materia suis quemque studiis apta colligere: in eodem prato bos herbam quaerit, canis leporem, ciconia lacertam.

(30) Cum Ciceronis librum de re publica prendit hinc philologus aliquis, hinc grammaticus, hinc philosophiae deditus, alius alio curam suam mittit. Philosophus admiratur contra iustitiam dici tam multa potuisse. Cum adhanc eandem lectionem philologus accessit, hoc subnotat: duos Romanos reges esse quorum alter patrem non habet, alter matrem. Nam de Servi matre dubitatur; Anci pater nullus, Numae nepos dicitur.

(31) Praeterea notat eum quem nos dictatorem dicimus et in historiis ita nominari legimus apud antiquos 'magistrum populi' vocatum. Hodieque id extat in auguralibus libris, et testimonium est quod qui ab illo nominatur 'magister equitum' est. Aeque notat Romulum perisse solis defectione; provocationem ad populum etiam a regibus fuisse; id ita in pontificalibus libris et aliqui putant et Fenestella.

(29) „Überdies“, wird er sagen, „hat er dem Alter einen Beinamen hinzugefügt, er heißt es ‚freudlos‘:

Krankheiten folgen nach und ein freudloses Alter.

An anderer Stelle sagt er:

Fahle Krankheiten und ein freudloses Alter wohnen [dort].“

Du brauchst dich also nicht wundern, dass aus demselben Stoff ein jeder das folgert, was genau in seine Studien hineinpasst: auf derselben Wiese sucht das Rind das Gras, der Hund den Hasen, der Storch die Eidechse.

(30) Wenn hier irgendein Philologe, dort ein Grammatiker, dort einer, der sich der Philosophie widmet, Ciceros Buch über den Staat ergreift, richtet der eine sein Interesse hierhin, der andere dorthin. Der Philosoph wundert sich, dass so viel gegen die Gerechtigkeit vorgebracht werden konnte. Wenn sich der Philologe mit eben derselben Lektüre befasst, merkt er darunter an, es gebe zwei römische Könige, von denen der eine keinen Vater hat, der andere keine Mutter. Denn über die Mutter von Servius ist man im Zweifel; der Vater von Ancus ist unbekannt, er wird [nur] der Enkel des Numa genannt.

(31) Außerdem merkt er an, dass der, den wir Diktator nennen, und von dem wir lesen, dass er so in den Geschichtswerken bezeichnet wird, zur Zeit der Alten ‚magistrum populi‘ genannt wurde. Und auch heute findet sich dies in den Augural-Büchern, und es gibt Zeugnis dafür, dass derjenige, der von ihm ernannt wird, der ‚magister equitum‘ ist. Auf gleiche Weise nimmt er wahr, dass Romulus während einer Sonnenfinsternis ums Leben gekommen ist; dass man seit den Königen auch an das Volk appellieren durfte; dass es so in den Pontifikalbüchern steht, nehmen sowohl Fenestella als auch andere an.

(32) Eosdem libros cum grammaticus explicuit, primum verba expresse 'reapse' dici a Cicerone, id est 're ipsa', in commentarium refert, nec minus 'sepse', id est 'se ipse'. Deinde transit ad ea quae consuetudo saeculi mutavit, tamquam ait Cicero 'quoniam sumus ab ipsa *calce* eius interpellatione revocati'. Hanc quam nunc in circo 'cretam' vocamus 'calcem' antiqui dicebant.

(33) Deinde Ennianos colligit versus et in primis illos de Africano scriptos:

cui nemo civis neque hostis
quibit pro factis reddere opis pretium.

Ex eo se ait intellegere <opem> apud antiquos non tantum auxilium significasse sed operam. Ait [opera] enim Ennius neminem potuisse Scipioni neque civemneque hostem reddere operae pretium.

(34) Felicem deinde se putat quod invenerit unde visum sit Vergilio dicere

quem super ingens porta tonat caeli.

Ennium hoc ait Homero [se] subripuisse, Ennio Vergilium; esse enim apud Ciceronem in his ipsis de re publica hoc epigramma Enni:

si fas endo plagas caelestum ascendere cuiquam est,
mi soli caeli maxima porta patet.

(32) Nachdem ein Grammatiker dieselben Bücher auseinandergerollt hat, trägt er als erstes – wortwörtlich wiedergegeben – in sein Notizbuch ein, dass von Cicero [das Wort] ‚reapse' verwendet wird anstatt ‚re ipsa' und ebenso [das Wort] ‚sepse' anstatt ‚se ipse'. Dann geht er zu dem über, was der Sprachgebrauch über lange Zeiträume verändert hat, so wie Cicero sagt: ‚quoniam sumus ab ipsa *calce* eius interpellatione revocati.' Das, was wir heutzutage auf der Rennbahn als ‚creta' bezeichnen, nannten die Alten ‚calx'.

(33) Darauf überdenkt er die Verse des Ennius und zwar vor allem jene Schriften über Scipio Africanus:

dem weder ein Mitbürger noch ein Fremder für seine Taten der Mühe Lohn vergelten kann.

Deshalb verstehe sich von selbst, behauptet er, dass bei den Alten ‚ops' nicht nur Hilfe bedeutet, sondern auch Mühe. Ennius sagt nämlich, dass weder ein Mitbürger noch ein Fremder Scipio den Lohn für seine Mühe habe vergelten können.

(34) Sodann glaubt er sich vom Glück begünstigt, weil er entdeckt hat, an welcher Stelle es Vergil zu sagen gefiel:

über ihm ertönt das gewaltige Himmelstor.

Er behauptet, Ennius habe dies bei Homer, Vergil bei Ennius gestohlen; es findet sich nämlich bei Cicero, eben in den [Büchern] über die Republik, folgendes Epigramm des Ennius:

wenn es irgendeinem erlaubt ist,
sich in himmlische Gegenden emporzuschwingen
öffnet sich mir allein das so gewaltige Himmelstor.

(35) Sed ne et ipse, dum aliud ago, in philologum aut grammaticum delabar, illud admoneo, auditionem philosophorum lectionemque ad propositum beatae vitae trahendam, non ut verba prisca aut ficta captemus et translationes inprobas figurasque dicendi, sed ut pro futura praecepta et magnificas voces et animosas quae mox in rem transferantur. Sic ista ediscamus ut quae fuerint verba sint opera.

(36) Nullos autem peius mereri de omnibus mortalibus iudico quam qui philosophiam velut aliquod artificium venale didicerunt, qui aliter vivunt quam vivendum esse praecipiunt. Exempla enim se ipsos inutilis disciplinae circumferunt, nulli non vitio quod insequuntur obnoxii.

(37) Non magis mihi potest quisquam talis prodesse praeceptor quam gubernator in tempestate nauseabundus. Tenendum rapiente fluctu gubernaculum, luctandum cum ipso mari, eripienda sunt vento vela: quid me potest adiuvare rector navigii attonitus et vomitans? Quanto maiore putas vitam tempestate iactariquam ullam ratem? Non est loquendum sed gubernandum.

(38) Omnia quae dicunt, quae turba audiente iactant, aliena sunt: dixit illa Platon, dixit Zenon, dixit Chrysippus et Posidonius et ingens agmen nominum tot ac talium. Quomodo probare possint sua esse monstrabo: faciant quae dixerint.

(35) Aber damit ich nicht, während ich anderes ausführe, auch selbst zu einem Philologen oder Grammatiker herabsinke, erinnere ich daran, dass Vortrag und Lektüre der Philosophen auf das Ziel eines glücklichen Lebens hin überdacht werden müssen, nicht um nach altertümlichen Worten oder Erdichtetem und schlechten Übersetzungen und Redewendungen zu trachten, sondern nach nützlichen Weisungen für die Zukunft und erhabenen und leidenschaftlichen Äußerungen, die im Laufe der Zeit vorteilhaft angewendet werden können. Wir sollten sie so gründlich erlernen, damit zu Taten wird, was Worte waren.

(36) Ich glaube jedoch, dass sich niemand weniger um alle Sterblichen verdient macht als diejenigen, die die Philosophie wie irgendeine käufliche Kunstfertigkeit erlernt haben, die auf eine andere Weise leben, als sie vorschreiben, dass man leben müsse. Denn sie reichen sich selbst als Beispiele fruchtloser Unterweisung umher, jeder Verfehlung unterworfen, gegen die sie vorgehen.

(37) Ein solcher Lehrer kann mir nicht mehr zunutze sein als ein Steuermann, der im Sturm dem Erbrechen nahe ist. In der fortreißenden Woge muss das Steuer fest ergriffen, mit dem Meer selbst gerungen, die Segel dem Wind entrissen werden: wie kann mich ein Steuermann unterstützen, der in Bestürzung versetzt ist und sich übergibt? Von einem wie viel größeren Sturm, glaubst du, wird dein Leben durcheinandergeworfen als irgendein Schiff? Nicht reden, sondern steuern muss man.

(38) All die Dinge, die sie sagen, mit denen sie vor großer Zuhörerschaft prahlen, beruhen auf fremdem Gut: Platon trug sie vor, Zenon trug sie vor, Chrysipp und Poseidonios und eine ungeheure Schar von so vielen und großen Berühmtheiten trug sie vor. Wie sie beweisen könnten, dass es das Ihre ist, will ich lehren: sie mögen tun, was sie gesagt haben.

(39) Quoniam quae volueram ad te perferre iam dixi, nunc desiderio tuo satis faciam et in alteram epistulam integrum quod exegeras transferam, ne ad rem spinosam et auribus erectis curiosisque audiendam lassus accedas. Vale.

(39) Da ich ja bereits vorgetragen habe, was ich dir berichten wollte, werde ich jetzt deinen Wunsch erfüllen und das, worum du in Vollständigkeit gebeten hattest, auf einen anderen Brief verschieben, damit du nicht ermattet an einem Sachverhalt herantrittst, der voller Dornen ist und der mit aufgerichteten und aufmerksamen Ohren angehört werden muss. Lebe wohl.

Liber XVII et XVIII – Epistula CIX

Seneca Lucilio suo Salutem,

(1) An sapiens sapienti prosit scire desideras. Dicimus plenum omni bono esse sapientem et summa adeptum: quomodo prodesse aliqui possit summum habenti bonum quaeritur. Prosunt inter se boni. Exercent enim virtutes et sapientiam in suo statu continent; desiderat uterque aliquem cum quo conferat, cum quo quaerat.

(2) Peritos luctandi usus exercet; musicum qui paria didicit movet. Opus est et sapienti agitatione virtutum; ita quemadmodum ipse se movet, sic movetur ab alio sapiente.

(3) Quid sapiens sapienti proderit? Impetum illi dabit, occasiones actionum honestarum commonstrabit. Praeter haec aliquas cogitationes suas exprimet; docebit quae invenerit. Semper enim etiam sapienti restabit quod inveniat et quo animus eius excurrat.

(4) Malus malo nocet facitque peiorem, iram eius incitando, tristitiae adsentiendo, voluptates laudando; et tunc maxime laborant mali ubi plurimum vitia miscuere et in unum conlata nequitia est. Ergo ex contrario bonus bono proderit.

Buch 17 und 18 – Brief 109

Seneca grüßt seinen Lucilius,

(1) Du wünschst zu wissen, ob ein Weiser einem Weisen von Nutzen ist. Wir behaupten, dass ein Weiser reichlich mit jedem Gut versehen ist und das Äußerste erreicht hat: man fragt sich, wie jemand für einen, der das höchste Gut besitzt, nützlich sein kann. Die sittlich Guten nützen einander gegenseitig. Sie bilden nämlich die Tugenden aus und erhalten die Weisheit in ihrer sicheren Stellung; jeder der beiden sehnt sich nach jemanden, mit dem er Gespräche führen, mit dem er sich beraten kann.

(2) Ihr Training lässt erfahrene Ringer nicht zu Atem kommen; den Musiker regt an, wer es ebenbürtig erlernt hat. Auch der Weise braucht die Beschäftigung mit den Tugenden; so wie er sich selbst geistig anregt, so wird er von einem anderen Weisen geistig angeregt.

(3) Wie ist ein Weiser einem Weisen von Nutzen? Er wird ihm Begeisterung einflößen, wird ihm genau die Möglichkeiten eines tugendhaften Handelns aufzeigen. Darüber hinaus wird er manch eigene Überlegungen zum Ausdruck bringen; das, was er entdeckt hat, wird er lehren. Denn für einen Weisen wird immer noch etwas übrig bleiben, das er entdecken und durch das sein Geist hervorragen kann.

(4) Ein Nichtsnutz schadet dem [anderen] Nichtsnutz, und dadurch, dass er seine Wut steigert, dass er ihm seine üble Laune zugesteht, dass er seinen Hang zu sinnlichen Vergnügungen gutheißt, schafft er einen noch größeren Nichtsnutz; und ganz besonders werden die Nichtsnutzigen geplagt, wenn sie ihre Laster eifrigst vermischt haben und ihre Verdorbenheit auf einem einzigen Haufen zusammengetragen wurde. Folglich wird dagegen der Tugendhafte dem Tugendhaften von Nutzen sein.

(5) 'Quomodo?', inquis. Gaudium illi adferet, fiduciam confirmabit; ex conspectu mutuae tranquillitatis crescet utriusque laetitia. Praeterea quarumdam illi rerum scientiam tradet; non enim omnia sapiens scit; etiamsi sciret, breviores vias rerum aliqui excogitare posset et has indicare per quas facilius totum opus circumfertur.

(6) Proderit sapienti sapiens, non scilicet tantum suis viribus sed ipsius quem adiuvabit. Potest quidem ille etiam relictus sibi explicare partes suas: utetur propria velocitate, sed nihilominus adiuvat etiam currentem hortator. 'Non prodest sapienti sapiens sed sibi ipse. Hoc <ut> scias, detrahe illi vim propriam et ille nihil aget.'

(7) Isto modo dicas licet non esse in melle dulcedinem; nam ipse ille qui esse debeat <nisi> ita aptatus lingua palatoque est ad eiusmodi gustum ut illum talis sapor capiat, offendetur; sunt enim quidam quibus morbi vitio mel amarum videatur. Oportet utrumque valere ut et ille prodesse possit et hic profuturo idonea materia sit.

(5) „Auf welche Weise?“, fragst du. Er wird ihm Freude bringen, er wird sein Selbstvertrauen stärken; durch das Sichtbarwerden der gegenseitigen Gemütsruhe wird sich die Freude beider steigern. Außerdem wir er ihm Einsicht in etliche Dinge vermitteln; ein Weiser nämlich weiß nicht alles; selbst wenn er alles wüsste, könnte einer kürzere Wege dorthin ersinnen und Dinge vorbringen, vermittelst derer ein Werk insgesamt leichter zu Gebrauch sein wird.

(6) Der Weise wird dem Weisen eben nicht nur durch seine Tugenden nützlich sein, sondern sogar durch diejenigen dessen, den er unterstützen will. Gewiss kann er auch unbeachtet gelassen seine Aufgaben bewerkstelligen: man bedient sich seiner eigenen Schnelligkeit, aber trotzdem wird derjenige, der ihn anfeuert, einem Läufer noch förderlich sein. „Der Weise ist nicht dem Weisen, sondern sich selbst von Nutzen. Um das zu verstehen, entreiße dem einen seine ihm eigene Stärke und der andere wird nichts bewirken.“

(7) In diesem Sinne wäre es dir möglich zu behaupten, dass Honig keine Süßigkeit ist; denn ebenjener, für den er bestimmt ist, wird Anstoß daran nehmen, wenn nicht Zunge und Gaumen für eine derartige Kostprobe auf eine Weise angepasst wurde, dass ihn ein solcher Geschmack verlocken könnte; es gibt nämlich manche, denen der Honig aufgrund eines krankheitsbedingten Mangels bitter vorkommt. Jeder der beiden muss gesund sein, damit der eine nützlich sein kann, und der andere für den, der zu nützen beabsichtigt, von geeigneter geistiger Anlage ist.

(8) '<Ut> in summum', inquit, 'perducto calorem calefieri supervacuum est, et in summum perducto bonum supervacuum est <si> qui prosit. Numquid instructus omnibus rebus agricola ab alio instrui quaerit? Numquid armatus miles quantum in aciem exituro satis est ulla amplius arma desiderat? Ergo nec sapiens; satis enim vitae instructus, satis armatus est.'

(9) Ad haec respondeo: et qui in summum <perductus est calorem> opus est calore adiecto ut summum teneat. 'Sed ipse se', inquit, 'calor continet.' Primum multum interest inter ista quae comparas. Calor enim unus est, prodesse varium est. Deinde calor non adiuvatur adiectione caloris ut caleat: sapiens non potest in habitu mentis suae stare nisi amicos aliquos similes sui admisit cum quibus virtutes suas communicet.

(10) Adice nunc quod omnibus inter se virtutibus amicitia est; itaque prodest qui virtutes alicuius paris sui amat amandasque invicem praestat. Similia delectant, utique ubi honesta sunt et probare ac probari sciunt.

(11) Etiam nunc sapientis animum perite movere nemo alius potest quam sapiens, sicut hominem movere rationaliter non potest nisi homo. Quomodo ergo ad rationem movendam ratione opus est, sic ut moveatur ratio perfecta opus est ratione perfecta.

(8) „Wie es überflüssig ist", heißt es, „etwas zu erhitzen, das [bereits] zur äußersten Hitze gebracht wurde, [so] ist es auch überflüssig, wenn einer demjenigen von Nutzen sein wollte, der [bereits] zur höchsten Sittlichkeit geführt worden ist. Trachtet etwa ein mit allem ausgestatteter Bauer danach, von einem anderen ausgestattet zu werden? Verlangt etwa ein Soldat, der so weit als nötig bewaffnet ist, um in die Schlacht zu ziehen, nach irgendwelchen weiteren Waffen? Also auch nicht der Weise; er ist nämlich fürs Leben ausreichend ausgerüstet, ausreichend bewaffnet.

(9) Darauf erwidere ich: auch etwas, das [bereits] zur äußersten Hitze gebracht wurde, benötigt zusätzliche Hitze, um die höchste [Temperatur] zu halten. „Aber die Hitze erhält sich selbst", wird gesagt. Zunächst einmal besteht ein großer Unterschied zwischen den Dingen, die du vergleichst. Die Hitze ist eine einzige Sache, das Nützlichsein ist vielfältig. Sodann wird die Hitze durch Aufnahme von Hitze nicht darin gefördert, dass sie heiß ist: der Weise [aber] kann in seiner Geisteshaltung nur fest bleiben, wenn er einige ihm ähnliche Freunde hinzuzieht, mit denen er seine Tugenden teilen kann.

(10) Nimm jetzt noch hinzu, dass unter allen Tugenden Freundschaft besteht; daher ist derjenige von Nutzen, der die Tugenden irgendeines ihm Gleichen liebt und anderseits gewährt, die seinen zu lieben. Gleiches zieht sich an, besonders wenn es tugendhaft ist und Beifall zu schenken und Beifall zu erwerben versteht.

(11) Mit Einsicht auf den Geist eines Weisen einzuwirken, vermag immer noch kein anderer als ein Weiser; so wie nur ein Mensch vernünftig auf einen Menschen einzuwirken vermag. Wie es also notwendig ist, durch Vernunft zur Vernunft angeregt zu werden, so braucht es eine vollkommene Vernunft, um zur vollkommenen Vernunft angeregt zu werden.

(12) Prodesse dicuntur et qui media nobis largiuntur, pecuniam, gratiam, incolumitatem, alia in usus vitae cara aut necessaria; in his dicetur etiam stultus prodesse sapienti. Prodesse autem est animum secundum naturam movere virtute sua. Ut eius qui movebitur, hoc non sine ipsius quoque qui proderit bono fiet; necessest enim alienam virtutem exercendo exerceat et suam.

(13) Sed ut removeas ista quae aut summa bona sunt aut summorum efficientia, nihilominus prodesse inter se sapientes possunt. Invenire enim sapientem sapienti per se res expetenda est, quia natura bonum omne carum est bono et sic quisque conciliatur bono quemadmodum sibi.

(14) Necesse est ex hac quaestione argumenti causa in alteram transeam. Quaeritur enim an deliberaturus sit sapiens, an in consilium aliquem advocaturus. Quod facere illi necessarium est cum ad haec civilia et domestica venitur et, ut ita dicam, mortalia; in his sic illi opus est alieno consilio quomodo medico, quomodo gubernatori, quomodo advocato et litis ordinatori. Proderit ergo sapiens aliquando sapienti; suadebit enim. Sed in illis quoque magnis ac divinis, ut diximus, communiter honesta tractando et animos cogitationesque miscendo utilis erit.

(12) Man sagt, dass auch diejenigen von Nutzen sind, die uns die [sittlich] unbestimmten [Güter] schenken: Geld, Ansehen, Wohlbefinden, [und] anderes für die Bedürfnisse des Lebens Kostbares oder Notwendiges. Hinsichtlich dieser Dinge, heißt es, ist für den Weisen auch der Tor nützlich. Von Nutzen zu sein, bedeutet jedoch gemäß der Natur den Geist durch die eigene Tugend anzuregen. Wie dies nicht ohne das Gut dessen, der angeregt wird, geschehen wird, so auch nicht [ohne das Gut] eben dessen, der von Nutzen ist; denn durch die Ausbildung einer fremden Tugend bildet er notwendigerweise auch die eigene aus.

(13) Aber selbst wenn du das ausschließt, was entweder höchste Güter sind oder welche, die sie hervorbringen, können sich Weise nichtsdestoweniger untereinander von Nutzen sein. Einen Weisen zu finden, ist für den Weisen nämlich an sich etwas Erstrebenswertes, weil aufgrund seiner Beschaffenheit jedes Gut für einen tugendhaften Menschen kostbar ist und sich infolgedessen jeder mit einem tugendhaften Mann gleichwie mit sich selbst in Einklang befindet.

(14) Der Beweisgründe wegen muss ich von dieser Fragestellung zu einer anderen übergehen. Es stellt sich nämlich die Frage, ob der Weise um Rat fragen, ob er für eine Entscheidung einen anderen zur Beratung hinzuziehen sollte. Er wird dies notwendigerweise tun, wenn er zu diesen öffentlichen, häuslichen, wie ich es nenne, sterblichen Dingen kommen wird; für diese benötigt er daher einen fremden Ratgeber, wie den Arzt, wie den Steuermann, wie den Anwalt und den Einleiter eines Prozesses. Der Weise wird also zuweilen für einen Weisen nützlich sein; er wird nämlich Rat geben. Aber auch in jenen großen und göttlichen Dingen wird er, wie wir sagten, durch die gemeinsame Erörterung des Sittlichen und die Vereinigung ihrer Seelen und Gedanken dienlich sein.

(15) Praeterea secundum naturam est et amicos conplecti et amicorum auctu ut suo proprioque laetari; nam nisi hoc fecerimus, ne virtus quidem nobis permanebit, quae exercendo sensu valet. Virtus autem suadet praesentia bene conlocare, in futurum consulere, deliberare et intendere animum: facilius intendet explicabitque qui aliquem sibi adsumpserit. Quaeret itaque aut perfectum virum aut proficientem vicinumque perfecto. Proderit autem ille perfectus, si consilium communi prudentia iuverit.

(16) Aiunt homines plus in alieno negotio videre quam in suo. Hoc illis evenit quos amor sui excaecat quibusque dispectum utilitatis timor in periculis excutit: incipiet sapere securior et extra metum positus. Sed nihilominus quaedam sunt quae etiam sapientes in alio quam in se diligentius vident. Praeterea illud dulcissimum et honestissimum 'idem velle atque idem nolle' sapiens sapienti praestabit; egregium opus pari iugo ducet.

(17) Persolvi quod exegeras, quamquam in ordine rerum erat quas moralis philosophiae voluminibus conplectimur. Cogita quod soleo frequenter tibi dicere, in istis nos nihil aliud quam acumen exercere. Totiens enim illo revertor: quid ista me res iuvat? Fortiorem fac me, iustiorem, temperantiorem. Nondum exerceri vacat: adhuc medico mihi opus est.

(15) Außerdem ist es gemäß der Natur, auch die Freunde [liebend] zu umfassen und sich am Gedeihen der Freunde zu erfreuen wie an seinem eigenen; denn wenn wir das nicht tun, wird uns auch die Tugend nicht bleiben, die [nur] durch die Ausbildung unserer Urteilsfähigkeit zur Geltung gelangt. Die Tugend empfiehlt jedoch, die Gegenwart gehörig einzurichten, für die Zukunft Sorge zu tragen, Rat einzuholen und den Geist anzustrengen: bereitwilliger wird sich derjenige anstrengen und entwickeln, der sich jemanden zum Freund genommen hat. Er wird sich daher entweder einen vollkommenen Mann suchen oder einen, der voranschreitet und der Vollkommenheit nahe ist. Jener, der vollkommen ist, wird aber [nur] nützlich sein, wenn er eine Überlegung aufgrund seiner allgemeinen Lebensklugheit fördert.

(16) Man sagt, dass Menschen in fremden Angelegenheiten mehr wahrnehmen als in den eigenen. Dies widerfährt jenen, welche die Liebe zu sich selbst blind macht und welchen die Furcht bei Gefahren [die Möglichkeit] zur Wahrnehmung ihres Vorteils raubt: furchtloser und frei von Angst wird er anfangen, seinen Verstand zu gebrauchen. Aber nichtsdestoweniger gibt es einiges, das auch die Weisen an einem anderen genauer als an sich selbst wahrnehmen. Überdies wird der Weise dem Weisen jenes außerordentlich angenehme und würdige „dasselbe zu wollen und dasselbe nicht zu wollen" gewähren; sein vortreffliches Werk wird er am gleichen Joch ziehend herbeiführen.

(17) Ich habe abgeleistet, was du verlangt hast, obgleich es in den Ordnungsbereich der Themen fiel, die wir in den Büchern zur Moralphilosophie zusammenfassend darstellen. Bedenke, was ich dir gewöhnlich sage, dass wir hierbei nichts anderes als den Scharfsinn trainieren. Ich komme nämlich so oft auf folgende [Frage] zurück: was hilft mir das? Mach mich tapferer, gerechter, maßvoller. Noch ist keine Zeit vorhanden zu trainieren: ich brauche immer noch einen Arzt.

(18) Quid me poscis scientiam inutilem? Magna promisisti: exhibe fidem. Dicebas intrepidum fore etiam si circa me gladii micarent, etiam si mucro tangeret iugulum; dicebas securum fore etiam si circa me flagrarent incendia, etiam si subitus turbo toto navem meam mari raperet: hanc mihi praesta curam, ut voluptatem, ut gloriam contemnam. Postea docebis inplicita solvere, ambigua distinguere, obscura perspicere: nunc doce quod necesse est. Vale.

(18) Warum verlangst du von mir nutzloses Wissen? Du hast bedeutende Dinge versprochen: halte dein Wort. Du hast gesagt, ich würde furchtlos sein, selbst wenn um mich herum die Schwerter blitzten, selbst wenn eine Klinge meine Kehle berührte; du hast gesagt, ich würde unbekümmert sein, selbst wenn um mich herum die Feuer loderten, selbst wenn ein unerwarteter Sturm mein Schiff über das ganze Meer mit sich fortschleppte: erweise mir diese Aufmerksamkeit, damit ich das Vergnügen, damit ich den Ruhm geringschätze. Später wirst du mich darin unterweisen, Verwickeltes aufzulösen, Zweideutiges genau zu bestimmen, im Dunkel Liegendes zu erkennen: jetzt lehre mich, was notwendig ist. Lebe wohl.